FIER D'ÊTRE NORDISTE
100 BONNES RAISONS

Annie Degroote

FIER D'ÊTRE NORDISTE
100 BONNES RAISONS

Editions OUEST-FRANCE

« Je suis de ce bout de terre méconnu, qui remue d'autant le voyageur égaré qu'il ne s'y attend pas. Comme pour tous les Nordistes, il s'est gravé en moi dès l'enfance et y a laissé son empreinte avec tendresse et… fierté ! »

À tous les amoureux du Nord-Pas-de-Calais,
à tous ceux qui ne le connaissent pas encore,
à mes parents qui m'ont procuré la joie d'en être.

PRÉAMBULE

Lorsque les Éditions Ouest-France m'ont sollicitée afin d'écrire *Fier d'être Nordiste. 100 bonnes raisons*, j'ai accueilli la proposition avec enthousiasme. Je me suis souvenue aussitôt de deux « bonnes raisons » de l'accepter.

En 1976, un juge refusa d'être muté dans ma ville natale, une charmante bourgade située à mi-distance de Dunkerque et de Lille, non loin de la frontière belge, et proche de l'Angleterre. Ce jour-là, parce qu'elle était située dans la région du Nord-Pas-de-Calais, Hazebrouck fut victime d'une injustice. Les médias se sont emparés du petit fait divers, et « Tu vas être hazebroucké » devint synonyme d'être « exilé, embourbé » ou encore de « Tu vas atterrir dans un trou »... Ce trou-là était ma ville natale.

Craignait-il de s'y enterrer ? C'était méconnaître le Nord, avec ses traditions, et l'accueil chaleureux de ses habitants. Une terre frileuse et triste ? Je n'ai pu ce jour-là en être l'avocate. Mais la révolte est restée. Et dès que j'osai manier la plume, elle fut employée à défendre ma région.

Le second souvenir est l'acharnement avec lequel un jeune cousin par alliance se plaisait à se moquer de moi et de mon « Nord » : « Pourquoi irait-on se perdre dans ces brumes ? » Je lui pardonne, il vivait alors à Fayence, au cœur d'une Provence ensoleillée et n'était jamais monté plus haut que Lyon.

Or, « tel est pris, qui croyait prendre », car les astreintes de son travail l'emmenèrent vers Lille, où, depuis trente ans, il réside, sans regret. Et croyez-moi, vous ne trouverez pas plus Nordiste de cœur que lui !

Cela vous rappelle sans doute un certain film... Je crois qu'il n'est guère de Nordiste qui n'ait connu, au moins une fois dans sa vie, ce genre de moquerie, et des adjectifs qualifiant la région de « froide, noire, plate ». Certains manuels d'histoire et de géographie d'antan ont contribué à cette triste réputation.

Certes, aujourd'hui, on la connaît mieux. Les derniers pourcentages montrent que les gens du Nord sont de plus en plus fiers de leur région. Les *a priori* sont dépassés, me direz-vous. Pas si sûr ! Moins on la connaît, et plus les clichés perdurent... Pourquoi reste-t-elle souvent méconnue alors que, depuis la nuit des temps, on la traverse, inlassablement, elle, le couloir de l'Europe ?

« Le Nord, c'est vrai, ne se livre pas aisément », écrit Jacques Duquesne.

Les gens du Nord sont plutôt pudiques, sauf pour faire la fête. À ces moments-là, au bord du rire ou des larmes, leur pudeur laisse place à la truculence, leur réserve à la démesure, et leur cœur déborde... Comme ses habitants, la région est faite de contradictions, de contrastes insoupçonnés. Décriée par des clichés tenaces, voire méprisée, elle possède un charme indicible et un accueil à nul autre pareil.

Au fil de ces pages, je dirai parfois le « Nord » pour la région Nord-Pas-de-Calais... Que les habitants d'Arras, de Calais ou du Touquet ne se méprennent pas. Je ne les oublie pas !

J'espère simplement qu'à la fin de cet ouvrage l'envie vous prendra d'aller à la découverte du Nord-Pas-de-Calais, de ses sentiers, de son patrimoine, de son histoire, et de participer peut-être à l'une des innombrables fêtes auxquelles vous inviteront ses habitants.

Dans tout choix, il y a renoncement, omissions... Vous avouerais-je que le plus difficile fut de m'en tenir à 100 raisons ? Je n'ai pas la prétention de traiter en profondeur chaque « spécialité » ; cet ouvrage est avant tout un survol de toutes les bonnes raisons d'être fier d'appartenir au Nord, que l'on soit Nordiste de naissance ou d'adoption. Oui, c'est un parcours amoureux auquel je vous invite et je suis certaine que ces raisons d'être « fier d'être Nordiste » en feront naître d'autres, qui seront les vôtres, qui seront les nôtres.

NORDISTES OU CH'TIS ?

N'oublions pas les Flamands de France ! Les « ch'timis » ne constituent qu'une partie des gens du Nord.

« La Flandre ? Mais je croyais que c'était en Belgique ? » Voici un leitmotiv que l'on entend encore.

Certes, on sait que l'Artois est français, mais nombre de Français ignorent qu'il existe une Flandre en France, et que le Hainaut, non plus, n'est pas que belge.

À la différence de la plupart des autres régions, le Nord-Pas-de-Calais ne fut pas constitué d'une seule province.

En 1790, les députés décidèrent la création des départements : les deux Flandres, le Hainaut, le Cambrésis constituèrent le département du Nord. L'Artois, le Boulonnais, le Calaisis, le pays de Montreuil, celui du Pas-de-Calais.

Certes, ces noms de province sont beaux... et une nostalgie peut subsister... Cependant, le Pas-de-Calais doit son nom au « pas », ou détroit, qui le sépare de l'Angleterre. Ce nom, parfois décrié, n'est-il pas élégant à l'oreille, lorsqu'on le prononce en songeant au passage, « le pas de Calais » ?

De nombreux habitants de la région n'ont jamais entendu le « ch'ti » durant leur enfance, c'est le cas de la partie ouest du département du Nord, la région « des Flandres » limitée par la Lys et la mer du Nord. De notre côté de la frontière, il fallut les conquêtes de Louis XIV pour que « la Flandre » se conjugue au pluriel et devienne « Flandre maritime », ou Westhoek (terre de l'ouest), qui parlait le flamand, et « Flandre wallonne » (étrange aujourd'hui !), regroupant une partie du Hainaut, le Cambrésis, des châtellenies telles que Lille, « capitale des Flandres françaises », qui parlaient le « franco-picard ».

En 1713, la paix d'Utrecht fixa la frontière définitive entre la France et les Pays-Bas espagnols. Les Flamands de France et ceux de Belgique s'éloignèrent. Nous avons subi l'influence du picard, du latin, du français. Le parler flamand fut banni de l'école de Jules Ferry, pour accentuer « l'intégration ». Il survécut à cette interdiction, dans la bouche de nos aînés, jusqu'aux années 1950. Les petits-enfants n'ont gardé que des expressions, des noms de localité ou de famille. Mais la langue flamande ressuscite dans certaines écoles du Nord, où le néerlandais est proposé.

Mais alors d'où vient le « ch'timi » ? : Ce patois, très proche du picard, existe depuis… toujours, mais il prit son nom avec la Grande Guerre. Les poilus venaient des différentes provinces de France, se côtoyaient et s'attribuaient des sobriquets. Ils donnèrent ce surnom aux soldats du Nord, lesquels employaient parfois « ti » pour « toi » et « mi » pour « moi », ils prononçaient « ch'ti-là » et leurs frères d'armes les qualifièrent de « ch'timi ». La littérature s'en empara avec le roman de Roland Dorgelès *Les Croix de bois*, où l'auteur écrit : « gars du Nord, ch'timi aux yeux d'enfant ».

Il y aurait donc deux langues d'origine pour une seule région. Ce n'est pas commun. Nous pourrions dire trois ou quatre, si l'on songe aux différents dialectes flamands et picard, ces derniers dits « patois » et liés au parler des ouvriers, des paysans, avant de devenir « ch'ti » – et ses habitants « Ch'timi » – avec l'argot des tranchées de la Grande Guerre.

Même s'ils ne connaissent pas le flamand de leurs ancêtres ou le parler ch'ti, les gens du Nord se retrouvent autour de dizaines d'expressions ou mots savoureux, comme « eune goutte end'jus », « raconter des carabistouilles », la « wassingue », la « ducasse » « soigner » pour garder, « j'te dis quoi »… ou le très connu « biloute » (merci Dany !).

De nos jours, le ch'ti fait partie de l'identité du Nord et il a perdu son aspect négatif.

UNE MOSAÏQUE DE PAYSAGES

Il est un aspect qui n'est guère évoqué dans les motifs de fierté concernant la région : celui de ses paysages. Liée à une image de monotonie, cette terre de caractère est en réalité une véritable mosaïque de couleurs et un patchwork de paysages. Théophile Gautier évoquait « le charme le plus attendrissant » et « des prairies du vert le plus amoureusement printanier »... Sa platitude est une erreur. « Le Plat Pays » chanté divinement par Brel existe bien, mais il ne représente qu'une partie de notre région. Peu de territoires offrent autant de contrastes. Maîtres du vent, les gens du Nord sont aussi un grand peuple de l'eau, indissociable du paysage nordique.

SUR LA CÔTE D'OPALE, LE PREMIER PORT DE PÊCHE FRANÇAIS

Toute une partie de la région descend du peuple maritime des Frisons et nos marins dunkerquois ne le démentiront pas !

Le nom « Côte d'Opale » vient de sa couleur opaline. On l'associe au Pas-de-Calais, mais elle commence en réalité dès la frontière.

Ses stations balnéaires séduisirent très tôt le monde entier. Les établissements de bains de mer de Boulogne furent fréquentés par la haute société de toutes les nations. La mer du Nord prend une autre appellation à proximité des deux caps : la Manche. Elle est alors un couloir maritime, étroit, qui sépare nos côtes de celles de la Grande-Bretagne. Par temps clair, on aperçoit les côtes britanniques. Le littoral de 140 km longe le détroit le plus fréquenté du monde. Il permet de relier l'Europe septentrionale au reste de la planète, avec ses trois grands ports industriels : Dunkerque, importante cité portuaire, convoitée par toutes les grandes puissances sous l'Ancien Régime, Calais, qui reste le grand port de voyageurs, et Boulogne, premier port de pêche français !

Labellisé « pôle de compétitivité national », et leader européen des produits de la mer, Boulogne-sur-Mer occupe la première place en France pour le marché international de la pêche. Chaque jour débarquent et sont vendues à la halle à marée plus de soixante-dix espèces de produits de la mer.

Sur la côte, le paysage n'est pas uniforme : plages de sable et dunes, falaises de craie, caps... Un cordon dunaire au sable blanc est caractéristique de la Côte d'Opale, de Bray-Dunes au Nord à Berck-Plage ou Hardelot au sud. Il retient cette immensité mouvante à la lumière irréelle, tandis que les plages, à perte de vue, s'étirent paresseusement à marée basse, et qu'évoluent au gré du vent les chars à voile. C'est aussi l'occasion d'admirer de belles réserves ornithologiques.

Sur les dunes, des touffes d'oyats aux reflets mordorés ondoient sous la brise. Les petites cabines de bain, adossées au mur de la digue, sont les abris secrets des amoureux. C'est le ballet aérien des mouettes qui piquent du bec vers la surface frémissante de l'eau, les chevaux qui galopent devant un astre rougeoyant. Ce sont des reflets inimitables, et l'on croirait presque aux mirages dans les scintillements de soleil sur les vagues. Le ciel est mouvant lui aussi, lumineux, parcouru par des flottilles de nuages cotonneux et joufflus, célébré par tant de poètes et de peintres, de Corot à Matisse, de Turner à Dubuffet. Véritable joyau écologique, la Côte d'Opale est protégée par le Conservatoire national du littoral.

À l'ouest de la région, l'air est adouci par la proximité de la mer, et il est juste de préciser qu'il fait souvent plus doux que ne l'annonce la météo.

UNE CURIOSITÉ : LES MOËRES

La Flandre maritime s'étend autour de Dunkerque. C'est le Blootland, le pays nu, Flandre des polders et des digues, dont les sols furent asséchés. Le tracé de nos côtes était différent, jusqu'à la fin du Moyen Âge. Comme la Flandre intérieure, elle est avant tout le résultat d'un travail humain colossal, œuvre d'un peuple de l'eau, qui lui confère aujourd'hui sa renommée de terre fertile. La région des Moëres (prononcez « moure » ; le nom vient du flamand *moer*) est l'ancienne lagune de la Flandre maritime, conquise sur la mer qui recouvrait la région. Cet immense marécage était impropre à la culture et propice aux épidémies. Il fallut l'intervention et l'imagination humaine d'un certain Venceslas Cobergher au XVIIe siècle pour que ces vastes Moëres deviennent, grâce à l'action de vingt-trois moulins à vent qui pompaient l'eau et à un système de canaux qui drainaient le fond, un territoire fertile. Le village des Moëres apparut à cette période. À trois reprises, il fut volontairement inondé : en 1646 par le gouverneur espagnol de Dunkerque pour contrer l'avancée des Français, puis au XXe siècle en 1940, et en 1944 quand l'armée allemande ordonna d'ouvrir les écluses, les Américains approchant... Mais les troupes alliées poursuivirent vers Gand.

Depuis 1946, l'ensemble des 2 000 ha de polders est très poissonneux, et agricole, avec une belle production de blé, de lin, d'orge et, surtout, de betterave sucrière.

Aujourd'hui, avec les changements climatiques, des régions et des pays construisent des digues pour contrer la montée des eaux. Dans le Nord, ces digues furent créées très tôt, comme en Hollande, le rempart naturel des dunes n'ayant pas toujours suffi à repousser la mer ; des digues que les promeneurs arpentent avec plaisir.

LE PAYS PLAISANT DES CANAUX

De nombreuses rivières sillonnent ces terres du Nord : on parle de la « riante » vallée de la Lys, du val de Sambre et de ses bateaux de plaisance, de l'Aa, du parc régional de la Scarpe et de l'Escaut au bord desquels s'épanouirent nos villes drapières du Moyen Âge. La vallée de la Canche, dont les eaux courent dans le Pas-de-Calais jusqu'au Touquet-Paris-Plage et Étaples où elles rejoignent la mer, possède un décor verdoyant et de très jolis villages. L'eau est présente partout tant il y a de petits confluents aux noms guillerets comme la Course, la Créquoise, la Ternoise, la Planquette.

Dans les plaines sillonnent les ruisseaux – les « becques » – qui délimitent des champs de blé, colza ou pommes de terre.

La région possède également un réseau incroyable de canaux.

Ces hommes ont creusé des watergangs, ou « chemins d'eau », installé des écluses, pour éviter les inondations et rendre les terres cultivables. Ils ont orienté le réseau fluvial vers la mer, pour mettre les centres industriels en relation avec les ports. Dès le Moyen Âge, les villes furent reliées par un réseau très dense de canaux. Un travail colossal pour drainer le sol et créer un système hydrographique unique ! Au XVIIe siècle, Vauban n'a pas seulement créé des places fortes ; il a aussi relié les voies d'eau entre elles. Le canal de Neufossé à Saint-Omer fut construit sur sa décision, pour relier la Lys à l'Aa, en 1756. Son tracé utilise en partie un fossé creusé au XIe siècle.

Une petite parenthèse sur le courage des « pénichiens », ces bateliers de péniches du Nord : Jadis, ils étaient attelés comme des animaux, à l'aide d'une « bricole », tissée en corde de chanvre, passée par-dessus l'épaule et le bras opposé, pour tirer leurs bélandres à voile. Ils effectuaient un douloureux kilomètre en une heure. Des charretiers de halage assurèrent ensuite ce travail harassant avec des chevaux. Ces « longs jours » se faisaient engager pour la journée, avec leur attelage. Peu à peu, les vieilles bélandres à voile furent remplacées par des péniches adaptées aux normes Freycinet en vigueur.

Le courage des mariniers, moins nombreux de nos jours, est resté. Leur péniche est le berceau, la maison, le travail, le foyer. Ils ont conservé leurs traditions, le baptême de leur péniche, leur parler haut pour porter la voix, les prénoms originaux de leurs enfants, et leur fierté.

Avec le transport des produits de la mine, les canaux ont continué à se multiplier. En 1965 encore, la mise en service du canal du Nord a permis de relier la région à l'Île-de-France.

De nos jours, si la route et les chemins de fer sont prépondérants, les lacis de canaux ne sont pas tous recouverts, et certaines villes comme Bergues, avec ses canaux de la Colme, peuvent s'enorgueillir d'être des petites « Venise du Nord », au même titre que leur grande sœur, Bruges.

Un tourisme fluvial permet de découvrir une flore et une faune exceptionnelles, de faire halte dans les villes d'une manière originale et plaisante ; de sillonner l'extraordinaire réseau de canaux et de rivières du Nord.

DES MARAIS DIGNES DU POITEVIN

De nombreux marais demeurent dans la région, même si la plupart furent asséchés par les moines et au fil des siècles.

Lové entre Flandre et Artois, le pays de Saint-Omer ou Audomarois, baigné par le fleuve côtier Aa, fut conquis par une race de géants, hommes fiers, acharnés à vaincre la mer et à apprivoiser une nature sauvage et secrète. Monde des invisibles, où la brume estompe parfois le contour des terres et où les chuchotements du peuple de l'eau et les bruissements des roseaux nous font croire aux sortilèges. Bien que la région soit avant tout céréalière, on en retiendra aussi le chou-fleur de Saint-Omer, les cressonnières de Tilques, les artichauts et endives, entre autres... Un marais encore cultivé ! Ce parc régional protège un patrimoine exceptionnel de 3 400 ha. En dehors des récoltes et de la chasse au gibier d'eau, il offre une grande variété d'espèces de poissons, de l'anguille à la carpe, du brochet au sandre.

La communauté des « jardiniers » des environs de Saint-Omer sillonne encore les canaux, ou watergangs, comme dans les siècles passés sur des escutes ou des bacôves (grosses barques à fond plat pour transporter les marchandises)

Le marais, c'est aussi la fierté de ces descendants de défricheurs. Prairies marécageuses aux abords de la forêt de Clairmarais, où l'on peut surprendre des cygnes noirs, grands cormorans, sarcelles d'été, grèbes huppés, poussins d'eaux et hérons cendrés. L'exploration des marais se fait en louant des petites embarcations à rame ou à moteur, ou en s'installant dans des bateaux-promenade le long des watergangs couverts de nénuphars apaisants et poétiques.

CAPS ET CORDILLÈRE !

Mais oui, et l'on peut en être fier !

« [...] des monts qu'on appellerait ailleurs des collines, le mont Cassel, relayé par la quadruple vague des monts de Flandre, le mont des Cats, le mont Kemmel, le mont Rouge et le mont Noir [...] bossuent ces terres basses. » (Marguerite Yourcenar, *Archives du Nord*.)

Cette ceinture des buttes, ou « cordillère des Flandres », est surprenante dans la plaine de bocages et de marécages, connue surtout pour ses étendues basses. Ces géants de sable sont appelés « monts ». Ils se détachent aisément de l'horizon. Ils sont issus du retrait de l'eau à l'ère tertiaire, et s'étirent au-delà de la frontière, formant une chaîne orientée d'est en ouest.

Mont Noir, mont des Récollets, mont des Cats, Groenberg de Bergues, mont Cassel, mont de Boeschèpe, mont Kokereel... Chacun a sa particularité.

Cassel est le point culminant de la « cordillère des Flandres » : 176 m ; ridicule pour les Savoyards, certes, cette colline de sable et d'argile prend réellement l'allure d'une montagne. Longtemps, ses habitants se sont appelés les « montagnards ». Lancés sur la route sinueuse qui monte vers Cassel, les coureurs cyclistes des Quatre Jours de Dunkerque ne le démentiraient pas. Fièrement posée sur sa « montagne », c'est à un vrai voyage dans le temps qu'elle nous invite, en arborant le charme désuet de ses ruelles en pente, de ses pavés glorieux, de ses anciens hôtels particuliers.

À ses côtés, le mont des Récollets était appelé jadis « mont des vautours » parce qu'on y pendait les malfaiteurs, en offrande aux rapaces.

Le mont Noir, frontière avec la Belgique (son jumeau belge s'appelle le mont Rouge), doit son nom aux sombres sapins d'antan, anéantis par les obus de 1914. Aujourd'hui, il est particulièrement dédié aux amusements et à la détente. C'est là que fleurit jadis notre Marguerite... Yourcenar, bien sûr. Dans le site du château de son enfance, le parc accueille des auteurs en résidence et offre de nombreuses manifestations culturelles.

« Que je voudrais que le projet de réserve au mont Noir prenne racine ! », s'exclama Marguerite Yourcenar en 1978. Votre souhait est exaucé, Madame. La flore et la faune sont préservées dans votre parc.

Le mont des Cats, colline de la contemplation avec son monastère, est un havre de paix. Cette pieuse retraite de trappistes fut fondée par un Hazebrouckois, le peintre Ruyssen. Connu pour le fromage et la bière des pères de la Trappe, le mont vit toujours au rythme de cet ordre cistercien et de la règle de saint Benoît : dans le silence, le travail et la prière.

Avec les caps Blanc-Nez et Gris-Nez, la Côte d'Opale est loin d'être monotone et, vers les collines du Boulonnais, sa corniche est constituée de falaises de craie et d'argile très impressionnantes. Deux caps se dressent, magnifiques ; l'un, éblouissant de blancheur, le cap Blanc-Nez, culmine à 134 m au-dessus de la mer et offre un panorama spectaculaire sur la région : au nord, le cordon dunaire ; au sud, Wissant et le cap Gris-Nez. Ce dernier tient son appellation de la couleur grise de l'argile. Il est le point français le plus proche de l'Angleterre, dont on distingue les falaises crayeuses du Kent.

Ces caps offrent un ballet de mouettes et de goélands, une flore exceptionnelle, et des harmonies de couleur dues aux schistes gris, au grès ocre, à la craie blanche ; couleurs changeantes selon l'heure et la saison.

BOULONNAIS, CALAISIS ET PETITE SUISSE !

À proximité des Flandres françaises, à l'ouest de la région Nord, se situe un autre relief très accidenté, le Boulonnais, constitué de collines dépassant parfois les 200 m d'altitude ; son aspect vert et vallonné, ses haies, et l'élevage de chevaux très renommés, la fameuse race boulonnaise qui à elle seule peut constituer un motif de fierté, font de ce bocage un attrait touristique de plus en plus important. Les Britanniques, nombreux, ne s'y sont pas trompés.

Avec son détroit, le Calaisis fut un lieu de passage très ancien entre la Grande-Bretagne et le continent, bien avant le tunnel. Sa falaise de Sangatte, les étangs et marais de Guînes et d'Ardres, les dunes boisées du platier d'Oye sont remarquables ; ce dernier est la plus grande réserve d'oiseaux de la région Nord.

La « Petite Suisse du Nord », elle existe vraiment ? Oui, et voilà encore un pays à l'identité très forte, et qui est classé parc naturel régional !

Terre d'Avesnes et du Hainaut, de la vallée de l'Helpe, de bocage, d'élevage, où les forêts débouchent sur une vallée au fond de laquelle serpentent des cours d'eau. Les coteaux, l'eau pure, l'air frais l'été, ses pâturages et ses vaches bien grasses rappellent effectivement la Suisse. Elle possède en commun avec l'ouest de la région du Nord des petites chapelles, mais la brique, ici, est joliment agrémentée de pierres bleues de l'Avesnois. Aux moulins à vent se sont substitués des moulins à eau, que l'on trouve aussi dans la vallée de l'Authie, à la limite du Pas-de-Calais et de la Somme.

On croit volontiers que la région du Nord n'a pas de forêts. Elles furent martyrisées durant les conflits, mais certaines ont persisté. Il en reste une quinzaine, qui n'ont rien à envier aux autres régions. Sait-on qu'elle possède une forêt gigantesque ? La forêt de Mormal, entre Maroilles et Le Quesnoy. Elle est l'une des plus belles aussi, avec ses futaies de hêtres, charmes et chênes, et sa population de cerfs.

« C'EST UN JARDIN EXTRAORDINAIRE ! »

Inauguré en 2004, au cœur du parc de la Deûle, grand prix du Paysage 2006, prix du Paysage du Conseil de l'Europe en 2009, Mosaïc, le jardin des Cultures accueille dix jardins extraordinaires, imaginés par une trentaine d'artistes européens. Mosaïc propose un voyage en hommage à la diversité des cultures des habitants de la métropole lilloise, et mêle botanique, animaux, œuvres d'art, animations sur 33 ha.

Hormis les parcs naturels régionaux de Scarpe-Escaut, des Caps et marais d'Opale, et de l'Avenois, sept autres jardins sont labellisés « Jardin remarquable » par le ministère de la Culture : Séricourt, Gosnay et Chériennes pour le Pas-de-Calais. Roubaix (le parc Barbieux est classé), Maroilles, Halluin et Cassel (aux Récollets) pour le Nord.

Encore de très belles promenades du dimanche !

« Avec le vent d'ouest, écoutez-le vouloir », chantait Brel. Ce vent dans les bras des moulins, ce vent qui transporte la complainte des âmes ; ce vent utile aux marins, qui jouent de la flûte pour l'attirer, ce vent reste souverain.

Le Nord-Pas-de-Calais n'a pas attendu les éoliennes du XXe siècle pour créer les siennes, et l'on oublie souvent que la force du vent fut utilisée judicieusement pour leurs ancêtres que furent les moulins.

Ceux-ci figuraient déjà sur les enluminures médiévales. Ils abondaient, jadis, dans ce pays de bois et de vent. Avant la Révolution française, les moulins appartenaient au suzerain du fief et les paysans payaient le ban. En 1791, les particuliers eurent enfin le droit d'ériger des moulins et, en 1792, la mise sous séquestre des biens des émigrés mit de nombreux moulins sur le marché. De milliers dans les siècles passés, ils sont passés à des centaines au début du XXe siècle. Rescapés de l'industrialisation, des guerres, de la tourmente révolutionnaire, des orages, du feu, quelques dizaines de moulins ponctuent encore ici et là le paysage, que ce soit à Cassel, Boeschèpe, Hondschoote, Steenvoorde, entre autres, et leurs ailes entoilées s'élèvent vers les cieux mouvementés du nord de la France.

Les uns fabriquaient la farine. Les « tordoirs », eux, servaient à broyer la graine de lin, et produisaient l'huile utilisée comme combustible d'éclairage. Ces derniers étaient très concentrés autour de Lille (plus de 200 !), Arras et Cassel. Plus effilés que les moulins à farine, les tordoirs étaient bruyants et, avec l'huile, brûlaient facilement.

La plupart des moulins du Nord sont sur pivot, quelques-uns à calotte pivotante, de style hollandais. La base du moulin, construction octogonale, partie inférieure du piédestal, est fixe. Cette cavette servait de magasin pour les sacs de blé. Les charpentiers de moulin gravaient leur nom et la date de construction sur une poutre de chêne, ou sur la plus belle pièce du moulin, la grande roue chargée de la transmission et appelée le « rouet ». Les moulins du Nord sont en bois ; certains, pourtant, ont un mur en brique. La cage du moulin sur pivot est à elle seule un chef-d'œuvre de charpenterie. Pour fonctionner, les ailes sont orientées face au vent.

Au bruissement dans les buissons, aux oscillations de la cage, à la vue des rouages, le meunier percevait les changements de direction du vent. Par vent calme, il déployait les voiles ; lorsqu'il était fort, il laissait les ailes nues. Il fallait savoir les arrêter si la tempête menaçait, sinon le grain passait trop vite. Une vitesse excessive engendrait des dégâts considérables dans les engrenages. Il vérifiait le grain qui tombait dans la trémie, devenait farine. Évacuée dans un sac, la mouture passait dans le tamis. La fine fleur de farine était ainsi séparée du son et du gruau.

Les moulins faisaient partie de la vie. Les ailes avaient tout un langage, par leur position ou leur parement, pour les mariages, naissances, repos, deuils. De nos jours, face aux minoteries industrielles et à la vapeur, on a perfectionné les meules, et de nombreuses ailes sont en fer. Ces dernières cathédrales aux longues voiles de couleur qui s'élancent vers les cieux et brassent le vent par-dessus des champs de lin et de houblon ne disparaîtront peut-être pas totalement. Aujourd'hui, des associations comme l'Aram (Association régionale des amis des moulins) s'attachent à les faire renaître. Elles préservent et restaurent nos fiers moulins.

UNE GRANDE RÉGION AGRICOLE

L'action des moines, l'acharnement des paysans, le courage des meuniers, mariniers, « jardiniers » ont rendu la région fertile et riche. L'intervention de l'homme est sans pareil.

Première région agricole au XIXe siècle, avec le blé, la pomme de terre, le tabac dans la vallée de la Lys... Ce blé qui ensoleille la plaine flamande, comme le jaune doré du colza, les corolles bleu pervenche de la fleur de lin pigmentant la plaine par myriades. Les pommes de terre évoquent bien le Nord, mais allons plutôt au-devant de quelques particularités.

UNIQUE : LA VICTORIEUSE

C'est la fameuse vache brune, très caractéristique du Nord. La statue de bronze de la Rouge flamande garde l'entrée de la place du Marché-aux-Bestiaux à Bergues ; elle commémore la création de la Victorieuse, vache à la robe couleur rouge acajou, et son livre généalogique ouvert en 1886 à Bergues.

Si la jolie vache normande résulte d'un croisement de vaches aujourd'hui disparues, la Rouge flamande, elle, est unique. Cette race figure parmi les plus anciennes de France. Dès le XVIe siècle, des artistes l'ont peinte. Entre 1860 et la Première

Guerre mondiale, on comptait plus d'un million de têtes. Si le cheptel subit de lourdes pertes au cours de la Seconde Guerre mondiale, la Victorieuse est de retour, grâce aux amoureux de sa belle robe rouge ou brune. Rustique, solide, elle vit jusqu'à seize ans, et possède de nombreuses qualités comme celle d'être une excellente « beurrière-fromagère ».

À Bergues, le dimanche des Rameaux est le rendez-vous incontournable de milliers de badauds. Une foire qui remonte au Moyen Âge, où gens de la ville et gens des champs se retrouvent pour se distraire, participer aux concours, banqueter, découvrir animaux et produits de la ferme.

ENTRE ANGES ET DÉMONS : LES « SPÉCIALES » DU NORD

« Boire un demi, c'est le temps suspendu. Porter le verre aux lèvres et goûter la bière, c'est un instant, qui en même temps est une éternité. » (Ronny Coutteure.)

La bière, disait-il, n'est pas une boisson alcoolisée, mais une culture. Offrir la bière est une façon d'accueillir, dans le Nord, « de l'amitié liquide ». Cet ami, comédien et conteur, imagina et présida, avec humour, une université de biérologie.

Boisson divine ? – les moines se l'approprièrent, créant des bières d'abbaye – ou boisson du diable ? – opposée au vin de messe, païenne, donc diabolique. Ce sont toutes des bières goûteuses, élaborées à l'ancienne, aux noms insensés, tels que Mort subite, Queue de Charrue, Angélus, La bière du Démon, L'Écume des jours (en Artois), Ch'ti, Sans-Culotte...

Oui, s'il est une production liée à l'image du Nord, c'est la bière. Au Moyen Âge, elle succéda à la très vieille cervoise, bière sans houblon, encore appelée « vin d'orge ». Dès le XIVe-XVe siècle, elle apparut sous sa forme actuelle.

Comme la vodka en Russie, elle fut d'abord une boisson de pauvres, de la famille et des travailleurs qu'elle soutenait pendant la saison froide. Elle leur épargnait les désagréments occasionnés par l'usage d'une eau souillée.

La cervoise était très répandue dans les pays de Charlemagne, qui l'aimait beaucoup, dit-on. Ensuite, la bière, « reine des Flandres », fut très appréciée par les ducs de Bourgogne, puis par Charles Quint qui, contrairement aux Espagnols, était un « vrai rinceur de gobelet ».

À Béthune, le géant n'est autre que Gambrinus, roi de la bière, inventeur légendaire, mille ans, dit-on, avant Jésus-Christ. Les vertus médicinales de la bière sont connues depuis le XIe siècle. Aujourd'hui, nous ajouterons « sans excès », mais il est certain que la levure de bière est excellente pour la santé. Au Moyen Âge, les moines deviennent brasseurs, la bière médiévale est faite d'eau et de trois types de grains fermentés : orge, avoine, froment. On y ajoute des aromates divers. Les ducs de Brabant et de Bourgogne vont s'opposer à l'Église qui détient le droit de « gruyt », mélange d'épices et d'herbes, en le remplaçant par le houblon, qui prend la place d'honneur pour ses vertus conservatrices, astringentes. N'est-ce pas un motif de fierté que les Bourguignons aient pris soin, à ce point, de notre bière ? Elle se substitue à la cervoise, non houblonnée. Avant la Première Guerre mondiale, il existait des milliers de brasseries dans la région, et l'on débitait en bouteilles ou en tonneaux. Les Nordistes consommaient journellement, jusqu'aux années 1960, des bières de ménage en grande bouteille, livrées à domicile, moins alcoolisées, qui portaient le nom de « bock ». C'est cette bière que nos mères mettaient sur nos cheveux pour les fortifier...

Presque chaque village possédait sa brasserie. Motte-Cordonnier, à Armentières, produisait une bière brune très réputée : L'Étoile noire. Les guerres et les transformations depuis cinquante ans ont d'abord eu raison de la fermentation haute ; une production uniformisée menaça la bière. Mais depuis quelques années, des brasseurs locaux maintiennent, pour le plaisir de tous, la tradition de bières de haut de gamme, nombreuses à reprendre des recettes médiévales.

Si la production du groupe Heineken, venu des Pays-Bas, est importante, il ne faut pas oublier qu'il possède la fameuse brune du Nord, la Pelforth, lancée jadis par la brasserie du Pélican fondée en 1921 à Lille. La célèbre Angélus, produite à Annoeullin, La Bavaisienne cuivrée de Bavay, la Blanche de Lille, la Cuvée des Jonquilles dans le Hainaut, La Choulette, la bière de Noël ; tous ces crus rencontrent un succès croissant dans le Nord et au-delà.

La Ch'ti, la plus célèbre du Pas-de-Calais, blonde, brune ou ambrée, n'est pas, contrairement à ce que l'on pourrait penser, une création d'aujourd'hui, mais date de 1926, et est un hommage aux soldats de la Première Guerre mondiale. À Saint-Sylvestre-Cappel, la brasserie de Saint-Sylvestre brasse l'une des meilleures bières françaises, la 3 Monts (Cassel, mont des Cats, mont Noir). La brasserie Thiriez à Esquelbecq a ses vedettes : la blonde d'Esquelbecq et la Rouge flamande, qui a été créée pour l'inauguration de la statue de la vache éponyme à Bergues. Il est réellement impossible de les nommer toutes !

Les bières d'abbaye sont aussi très prisées. Après une interruption d'un siècle, les vingt-neuf moines du mont des Cats ont relancé leur bière d'abbaye, qu'ils avaient produite de 1848 à 1911, seule bière trappiste de France, certes brassée à l'abbaye de Scourmont en Belgique, mais comme le dit le frère Bernard Marie : « C'est une bière trappiste brassée dans une abbaye trappiste selon une recette trappiste. » À quand la brasserie ? À propos des Trappistes se dispersant au moment de la Révolution française, on peut se targuer qu'ils aient exporté nos bières en Belgique, au Canada et aux États-Unis !

Dans le Nord et la Belgique, les bières à fermentation haute, dites « spéciales », comportent une multitude de goûts et de couleurs, des blondes aux brunes, des ambrées aux blanches comme à Cambrai. Différents classements interviennent : bières de Noël, bières de Mars, ales au caractère fruité, bières de saison, bières de garde que l'on présente avec les moules, bières d'abbaye (ou trappistes), bières noires (ou stouts)... Un large vocabulaire fleuri les caractérise.

Le saint patron des brasseurs est saint Arnould du Brabant, évêque de Soissons, créateur d'un monastère bénédictin en Flandre.

LAVANDE ET VIGNE... DU NORD !

La lavande du Nord ? Oui : le lin. Pendant une floraison éphémère de huit jours, de jolies fleurs bleues s'ouvrent en matinée et parsèment les champs. Dit-on assez à quel point cette plante est bénéfique ? Elle est écologique, naturelle et anallergique. Elle respecte totalement l'environnement.

Lorsque la région fut intégrée au royaume de France, de nombreux changements perturbèrent le drap de laine. Les crises profitèrent aux toiles de lin. Les eaux de la Lys s'avérèrent excellentes pour le rouissage du lin, et cette « industrie » s'installa naturellement sur ses rives. Les fibres furent utilisées pour les tissus et cordages, les graines pour l'huile de peinture et l'encre. Le lin occupait de nombreuses familles, depuis sa récolte délicate jusqu'au tissage. Quant à la graine de lin, elle fut broyée dans les « tordoirs », afin de produire l'huile d'éclairage. Au XIXe siècle, les Flamands de France la réintroduisirent au pays de Caux, qui devint, de ce fait, un grand producteur de lin. Dans le Nord, après un passage à vide dans les années 1980 à 2000, le lin est à nouveau en expansion. Bien qu'il soit toujours utilisé pour les vêtements, d'autres industries s'en emparent : l'automobile et le bâtiment pour ses vertus isolantes.

Des vignes dans le Nord ? Eh bien oui, il y en a eu. Le vin était lui aussi un « remède ». Les caves des curés et des châtelains étaient bien fournies et pas seulement de vins de Bourgogne, du Rhin ou de Touraine. Des vignes couvraient les coteaux protégés du vent, et le nom du lieu dit « Pré-à-vin », près d'Hazebrouck, est significatif – la comtesse Yolande de Bar possédait ses vignes à La Motte-aux-Bois –, mais les vagues de froid du XVe au XVIIe siècle les anéantirent.

Quoi qu'il en soit, la grande « vigne du Nord » est le houblon !

Que d'enfants des années 1950 et plus encore d'avant-guerre se souviennent des routes bordées de houblonnières à perte de vue, des jolis cônes parfumés ! Plante grimpante s'épanouissant au soleil, enchevêtrant ses feuilles les unes avec les autres, s'enroulant comme une liane, sur des fils de fer, autour d'une forêt de hautes perches qu'elle escaladait avec vigueur jusqu'au sommet. Il n'existe plus qu'une dizaine de cultivateurs dans la région, pour une production importante. Il faut donc importer le houblon. C'est la plante femelle, aromatique, qui est cultivée, car elle apporte l'amertume et aseptise la bière. La fleur de houblon contient la lupuline, substance jaune et amère.

Le premier ordre du Houblon fut institué par un duc de... Bourgogne : Jean sans Peur, en 1409. À Bailleul, la fête traditionnelle de l'Hommelpap fait revivre la cueillette du houblon à l'ancienne et le brassage de la bière à la ferme-brasserie Beck, dans une ambiance pittoresque.

UN ARÔME SANS PAREIL

Le café ? Oui, nous sommes sans conteste les rois du café. Il fut introduit dans la région au XVIIe siècle, et devint très populaire dès la révolution industrielle, afin de soutenir les travailleurs. Mais le « petit noir » se boit dans tout l'Hexagone, et il est devenu une caractéristique française. En revanche, il est une originalité bien nordiste : la chicorée.

Et aujourd'hui, qui est le premier producteur national de racines de chicorée ? Le Nord-Pas-de-Calais, à Audruicq surtout, avec ce beau chiffre (en 2010) : 96 % de la production française. Orchies en fut le berceau. Entre Valenciennes et Lille, capitale du Pévèle, cette ville reste liée à la chicorée et particulièrement la Maison Leroux, premier torréfacteur mondial, qui s'implanta en 1858. Aujourd'hui, on y raffine toujours la chicorée. La demeure familiale des Leroux est devenue la Maison de la chicorée, musée dédié à cette culture. Le second torréfacteur national, Chicorée du Nord, est situé dans la région d'Audruicq.

Connue depuis l'Antiquité et cultivée jusqu'à la Renaissance pour ses vertus médicinales sur le foie, les reins, l'estomac, la plante stocke de grandes réserves énergétiques dans sa racine. Dès la Révolution, elle devient un produit de substitution ou d'accompagnement du café, aussi importante, dans le Nord, que ce dernier. À la fin du XIXe siècle, la demande est si forte que la culture va gagner le littoral. La Flandre française et la région d'Audruicq, riches en sable, vent, et eau, sont propices à la chicorée. Le mélange café-chicorée rencontrera un énorme succès, vu le coût du café torréfié. Comme la bière, la chicorée est employée dans de nombreux aliments comme des gâteaux ou des terrines. On se souvient de son arôme dans les maisons des grands-parents, et de la cafetière toujours prête sur le poêle à charbon dans l'attente d'une visite.

Une grande fête de la Chicorée a lieu chaque automne sur le territoire d'Audruicq, avec une animation particulièrement créative et festive. À cette occasion, la confrérie de la Cossette de la Chicorée intronise ses nouveaux membres.

LA PERLE DU NORD : LE CHICON

Je dis bien « chicon », et non « endive ». Ce second terme ne sera donné au chicon qu'en 1925, et non le contraire !

Chicon ? Oui, car il s'agit d'une autre chicorée. Chicorée witloof (du flamand : feuille blanche), chicorée de Bruxelles, l'endive vient elle aussi du Moyen Âge (XIIIe siècle) et désignait alors les chicorées frisées ou scaroles. Elle est produite à l'abri de la lumière. Elle passera la frontière belge en 1919, débutera à Camphin-en-Pévèle et, dès lors, la production du Nord dépassera dans les années 1980 la production belge. Cette bien nommée « perle du Nord » est le troisième légume le plus consommé en France, et provient toujours du Pévèle, du Cambrésis et de la plaine de la Lys. Avec la Picardie, la région du Nord produit 80 % de la consommation française, et 55 % de la production mondiale.

UNE EAU-DE-VIE REMARQUABLE : LE GENIÈVRE

Chaque région a son eau-de-vie. La nôtre est le genièvre. Lui non plus ne date pas d'hier. Ses baies étaient utilisées dès le Moyen Âge d'un point de vue, là encore, médicinal ! Nous retrouvons le genièvre dans la composition de nombreux plats locaux comme le fameux *potjevleesch* ; la consommation courante du spiritueux n'arrivera qu'à partir du XVIe siècle. Dunkerque en fera sa spécialité. C'est au XIXe siècle que sa production explosera, du côté de Bergues, Dunkerque, Lille, Douai, Avesnes et Cambrai. Autrement dit… partout dans la région. De nos jours, trois distilleries en assurent la production, et sont situées à Wambrechies, Loos et Houlle. Spécialité du Nord, le genièvre est très apprécié dans le café, et en cuisine en général.

Avez-vous entendu parler de la Chuche Mourette ? Je vous l'assure, ce nom fait son petit effet en société. Il s'agit d'un apéritif lillois. La Chuche Mourette est une préparation à base de genièvre, additionnée de crème de cassis, parfois de sirop de groseille ou de grenadine.

On connaît tous le groupe Bonduelle, leader mondial du légume prêt à l'emploi, présent partout dans le monde, mais il est d'abord l'histoire d'une famille du Nord, et a débuté à Renescure – Lessaffre et Bonduelle – au XIXe siècle comme distillerie de grains et de… genièvre !

UN LILLOIS SAUVE LA FRANCE AVEC LE SUCRE DE… BETTERAVE !

C'est à un jeune épicier lillois, François Crespel, que l'on doit cette innovation ; ou plutôt sa redécouverte en 1809. Un jus de betterave avait été expérimenté au XVIIe siècle.

Auparavant, le sucre était de canne, coûteux, et provenait des Antilles. Mais les guerres napoléoniennes changèrent la donne. Avec le blocus des marchandises imposé par l'Angleterre, il fallut au plus vite remplacer le sucre de canne. À la suite de l'innovation de Crespel, Napoléon réquisitionna des champs, ordonna la culture du légume et la création de fabriques. Le Nord devint ainsi la terre d'élection de la betterave. Crespel possédait une quinzaine de sucreries, mais la fin du blocus réapprovisionna le pays en sucre de canne. En dépit des faillites, le courageux Crespel poursuivit contre vents et marées sa production, et les taxations du sucre en provenance des colonies lui donnèrent raison. Plus tard, le Nordiste Crespel-Dellisse, à Arras, devint l'un des plus gros producteurs en Europe.

DES SYMBOLES DE PUISSANCE ET DE LIBERTÉ

S'il est un aspect incontournable dans la vie, c'est notre enfance, et dans toute enfance nordiste, il y a les géants. Une fête sans ces souverains d'osier et de carton-pâte est inconcevable. Quel est celui, ou celle, qui n'a poussé des cris, enfant, grisé à la vue de la silhouette dégingandée et chaloupée, de la figure joviale ou grimaçante du héros colossal, qui se dandine sur une musique obsédante ? Devenus adultes, nous les contemplons avec émotion. Les beffrois cristallisent aussi la fierté des peuples du Nord, mais si les géants, joyeux drilles, sont des compagnons de fête, ils ont, eux, un rôle paternel. Ils veillent en sages. Et comme les moulins symbolisant le tempérament habile des gens du Nord, les beffrois rappellent leur désir de vivre indépendants et sans entraves.

NOS DEMI-DIEUX...

Ces ambassadeurs originaux de taille exceptionnelle représentent bien l'attirance du fantastique plus vivace que jamais à notre époque. Symboles au même titre que les beffrois et les moulins, ils sont les témoins historiques et l'âme des cortèges, où religion et traditions laïques se mêlent avec bonheur.

Ils seraient plus de cinq cents dans la région. Jadis, on les sortait aux jours de fête des corporations, aujourd'hui aux manifestations commerciales ; sous l'Ancien Régime aux entrées royales, de nos jours pour des assemblées à caractère social.

Mais qui inventa ces géants populaires ?

Leur naissance s'égare dans la brume de nos propres origines, entre Histoire et légendes. La mythologie latine, celtique et chrétienne, la religion, la littérature, l'art fourmillent de géants enfantés par les cieux et la terre, d'Hercule à Goliath, des Titans à Gargantua. Symbolisent-ils les peuplades d'origine scandinave qui hantaient jadis la Flandre ? Pas sûr ! Selon la légende, Cassel serait née des mains d'un couple de géants qui laissèrent tomber une motte de terre sur la plaine.

Une statue immense de saint Christophe était portée dans les processions, et le saint est parfois considéré comme le « père » des géants. Chrétienté et traditions païennes restent étroitement mêlées.

Les géants existent ailleurs, en Espagne, en Italie du sud, en Allemagne – au Tyrol, notamment. Et ne croyez surtout pas qu'ils soient espagnols. Non ! Le nord de la France est voué à l'exhibition des géants depuis environ le XVe siècle, et il existe un géant à Anvers depuis 1398. Bien avant le mariage de Philippe le Beau avec Jeanne de Castille et donc la domination hispanique.

Promenés au Moyen Âge dans un but éducatif ou récréatif, ils deviennent les protecteurs de la cité. Ils participent aux manifestations religieuses avant d'être désavoués, proscrits des processions par l'Église cherchant à se purifier de la Réforme. Le siècle des Lumières amène nos « géantes ».

La Révolution tente en vain de les interdire, car ils rappellent les valeurs de l'Ancien Régime. Ils sont alors maltraités, brûlés, voire décapités. Ils se relèvent au XIXe siècle, réapparaissent en masse, affectés dorénavant aux cortèges laïques.

« Gayant » signifie « géant » en picard, et « reuze » a le même sens en flamand.

Le comportement des Reuze leur confère une apparence si humaine qu'ils sont considérés comme « des êtres de chair et de sang ».

Héros légendaires, représentants de métiers, guerriers, gloires locales, animaux fabuleux, créés par des confréries de métiers, par la Ville, des associations, etc., ils rythment la vie. Au diable les mauvaises langues qui les traiteront de personnages de carton-pâte !

Ils naissent, vont à l'école, aiment, procréent, meurent parfois pour ressusciter tel le Phénix, au son de l'hymne qui leur est attaché. Ce ne sont pas les mannequins éphémères que l'on brûle au carnaval. Leur vie est un roman.

On les baptise en grande pompe. Humains et géants se mêlent avec bonheur dans le rôle de parrain et marraine. Baptême républicain avec inscription au registre d'état civil, baptême par le curé du village. On les marie, et l'on publie les bans. Ils n'échappent pas aux chagrins d'amour : le Reuze de Dunkerque se vit refuser la main de la fille de Gayant, pour cause de différence d'âge ! Leur progéniture s'agrandit d'année en année de bambins enjoués. Ils ont leur jour de fête. Comme les gens du Nord, ils sont bons vivants, curieux de rencontres, de festivals, de voyages, de rondes internationales comme à Steenvoorde, capitale des Géants. L'intrépide et aventureux Jean le Bûcheron est allé jusqu'en Inde.

Des deuils assombrissent leurs vies. On dit alors que « leur cœur saigne dans leur poitrine d'osier ». Victimes des révolutions ou de la guerre, comme ceux de Douai, ils renaîtront chaque fois de leurs cendres.

Ils viennent de tous les horizons sociaux et de diverses époques ; ils représentent toutes les générations, stars ou anonymes, nommés Joséphine, Oscar, Gustave, le P'tit Désiré, Jehan, Jérôme la Belle Roze, Zinc-Zinc ou Totor, Colas et Jacqueline à Arras, le mineur Cafougnette à Denain, Binbin à Valenciennes, l'électeur de Lamartine. Muni de son luth, Sylvestre le Ménestrel colporte les contes du Houtland... Jean le Bûcheron (Jan den houtkapper) était cordonnier du temps de Charlemagne. Il montra son courage et sa force en repoussant les Normands à Steenvoorde, armé de sa seule hache.

Gayant, l'ancêtre, apparaît le 18 juin 1531 à Douai. Avec sa face débonnaire, est-il ce « chevalier de lumière », héros légendaire de la ville, qu'il aurait délivrée en 1479 ? Toujours est-il qu'il est le symbole des libertés et que les Douaisiens se disent « enfants de Gayant ». Sa carcasse d'osier tressée par les manneliers lui vaut le surnom de « vint'd'osier ».

Tisje Tasje, géant d'Hazebrouck, est le concitoyen de Roland. Valeureux seigneur, mais sans doute trop épuisé par ses croisades, ce dernier se laisse paresseusement tirer sur un char. Tisje Tasje, lui, vient d'une figure locale bien sympathique : Jean-Baptiste Grevelynghe. Ce colporteur parcourait la Flandre en vendant des petites tasses de café, d'où son surnom. Le colporteur Tisje Tasje a sa famille : Babe Tisje, Zoon Tisje, et sa femme, Toria. Très populaire, il incarne le malicieux esprit flamand.

Reuze-Papa de Cassel est né en 1827, fabriqué sur une ossature d'osier, de grillage et de bois. Son buste et son visage sont en papier mâché. D'allure très virile, il porte une cuirasse luisante sur ses pectoraux moulés. Son visage est surmonté du casque au grand cimier orné d'une crinière aux poils courts. Sa visière laisse entrevoir des yeux impressionnants, à l'expression altière et touchante à la fois, sous une broussaille de sourcils et une barbe florissante qui effraient les petits et appellent le respect des grands. Immortalise-t-il le souvenir de Robert le Frison, ce comte de Flandre, bienfaiteur de la cité, vainqueur de la première bataille de Cassel ? Ses vêtements rappellent aussi l'occupation romaine de la Morinie. Son épouse date de 1860. Monsieur festoie en célibataire au Mardi gras, « de peur que Reuze-Maman ne s'enrhume ». L'excuse est jolie ! Au lundi de Pâques et l'été, ils sortent en couple. Grandissime seigneur des fêtes carnavalesques, Reuze-Papa entame sa marche triomphale. La foule entonne le « Reuze Lied », le chant du Reuze, connu dans toute la Flandre française.

Le Reuze de Dunkerque est appelé Reuze-Papa lui aussi. Allowyn, ou Hallewyn, guerrier scandinave, se blesse en descendant de son drakkar. Il est soigné et baptisé par saint Éloi. Le colosse décide de mettre sa vie au service de la cité, laquelle, à sa mort, lui rend hommage en créant vers 1550, un géant à son image. Il a ses gardes du corps, sa femme et ses quatre enfants.

Gargantua, lui, est devenu bailleulois pour sa verve, son franc-parler, son bon sens, sa subversion joyeuse, bien flamandes, si proches de Till Uylenspiegel et de l'univers de Bruegel. Que d'autres encore, comme Totor, l'un des plus grands, à Steenwerk, avec son haut-de-forme et ses cinq porteurs !

Une légende du Moyen Âge lie les géants de Lille, Lydéric (la tradition en fait le premier comte de Flandre) et Phinaert, son adversaire – créés en 1825 –, à la fondation de la ville. En le tuant en duel, Lydéric aurait récupéré les terres de Phinaert et fondé la ville de Lille.

De nouveaux géants apparaissent tous les ans, tels saint Nicolas à Wattignies, Raoul de Godewaersvelde, notre chanteur bien-aimé, ou Jean-Charles, l'écolier de 5,50 m de haut, l'enfant des écoles de Steenvoorde, et peut-être l'un des plus touchants, car il est le porte-drapeau des petits. La liste est trop longue pour tous les citer, tant ils se sont repeuplés de nos jours, grâce à la ténacité des hommes, à leur sens artistique, et à l'amour de leur terre.

Que les autres géants me pardonnent et ne viennent pas, se sentant oubliés, hanter mes nuits de cauchemars et de monstres !

Il paraîtrait – est-ce encore une légende ? – que Rubens aurait conçu le premier Gayant... Quoi qu'il en soit, des peintres et sculpteurs renommés à leur époque n'ont pas hésité à mettre leur art au profit des géants.

La structure, ou panier, est en osier ; les têtes furent d'abord sculptées en bois, puis le carton-pâte remplaça le bois. De nos jours, le plastique gagne du terrain. Faire des carcasses légères pour danser, mais solides pour traverser les siècles, cela tient du miracle ! Le premier sortilège n'est-il pas celui-ci ? Le géantiste doit avoir la foi de Geppetto, l'imagination de Frankenstein, l'obstination de Pygmalion, pour créer de tels pantins, voués aux rôles d'ambassadeurs de la communauté. Vanniers, couturières, menuisiers, peintres, cordonnier, tapissier, perruquier se relaient aussi à la besogne. Avec humilité, après avoir façonné sa créature avec amour, lui avoir transmis son souffle de vie, l'artiste signe son chef-d'œuvre d'une griffe secrète, à l'intérieur de la tête. Puis les gens s'approprient le géant. À chaque sortie, l'association qui en a la garde l'astique avec soin, change éventuellement son costume.

Des hommes (d'un à huit) sont dissimulés sous la jupe du panier et tiennent des barres de portage créées en chêne et rembourrées de cuir. Il n'est pas donné à tous de manœuvrer des géants mesurant de 4 à... 8 m ! La tâche est ardue pour les porteurs, elle exige un savoir-faire précis, une excellente forme physique pour endurer une charge de 300 kg pendant cinq à six heures. Ils doivent connaître le milieu local avec la rigueur des géomètres de façon à ne pas se laisser entraîner dans une rue en pente, l'étroitesse des passages ou les pavés... Ils exécutent les ritournelles, inclinent l'immense mannequin pour donner l'illusion. Comme le géantiste, ils acceptent d'être les hommes de l'ombre, invisibles aux yeux des grands, inexistants aux yeux des petits. Une belle leçon d'humilité ! Le visage à la lucarne, le premier surveille le chemin emprunté et donne ses consignes aux autres porteurs entrés par la petite porte arrière. La route est longue, et même s'ils ont conçu de la place pour les cannettes de bière, il n'est pas rare de voir le géant en arrêt, le visage tourné vers la porte d'un bistrot où les porteurs se désaltèrent !

Union entre adultes et enfants, les géants reflètent avec bonheur la bonhomie populaire. Avec ces figures embllématiques, ces descendants de la culture médiévale, c'est toute notre histoire qui se dresse, une histoire imprégnée de mystères et de légendes... C'est le rêve qui rejoint la réalité...

SUPERBE ET GÉNÉREUX

Non, nous ne sommes pas dans *Hernani*, mais le lion des Flandres correspond bien à ces qualificatifs. Il est l'emblème de la Flandre française, mais aussi de la Flandre belge. Province jusqu'à la Révolution, elle a pour blason un superbe lion dressé sur ses pattes avec fierté, symbole qui dépasse largement la petite région des Flandres françaises. Ses origines sont légendaires, liées à Philippe d'Alsace qui aurait rapporté de Palestine ou d'Albanie, vers 1178, un étendard ou un bouclier sur lequel figurait le lion. Mais en 1162, on peut déjà le découvrir sur le sceau d'une charte accordée à l'abbaye des dunes de Koksijde (Flandre belge).

Quoi qu'il en soit, dès le XIIIe siècle, toutes les villes flamandes et néerlandaises s'en emparent. La force légendaire, la bravoure de cet indomptable et fier lion en font l'emblème idéal. En 1793, le drapeau jaune au lion noir, griffes et langue rouge, est devenu l'emblème officiel de la Flandre belge. Mais dans des villes de Flandre française, cet étendard flotte majestueusement à côté des drapeaux français et européens, ou sur les armes de la cité. Ainsi à Hazebrouck, le « marais aux lièvres », le lion tient un écusson contenant un lièvre. Son emploi s'est généralisé, vers Douai, Armentières, Lille... Cette dernière n'était-elle pas la « capitale des Flandres » ? Le lion trône aussi en haut des beffrois d'Arras, de Douai et à son hôtel de ville, sur des vitraux anciens.

Aujourd'hui, on n'hésite pas à le mettre comme marque d'identification sur différents produits de consommation.

GOUVERNEMENT DES MEILLEURS ET HYMNES À LA LIBERTÉ

Les beffrois témoignent du passage du féodalisme à une société urbaine marchande qui joua un rôle primordial dans l'essor du monde.

À l'origine, il s'agissait de tours roulantes en bois destinées à l'attaque des places fortes ; on les installa sur les remparts, puis au milieu de la ville, pour « préserver la paix ».

Les Grecs avaient leur forum, la cité du Nord s'articula autour du beffroi qui devint la tour communale par excellence. À travers son édification, la commune montra ostensiblement son pouvoir, sa puissance et sa liberté. Avec le beffroi, c'est le Moyen Âge flamboyant qui s'élève et crie son existence !

C'est en effet au XIIIe siècle que se réalisa le mieux l'idéal démocratique urbain. L'autorité des seigneurs locaux est battue en brèche par une bourgeoisie enrichie. Les riches marchands géraient les affaires avec habilité, dans un esprit de communauté. Jamais autorité ne mérita mieux son nom : « gouvernement des meilleurs ».

Ils obtiennent une *Keure*, ou charte, un sceau puis leur tour, aussi prestigieuse et haute que le donjon ou le clocher. Seules les maisons nobles étaient surmontées de girouettes. Lion, dragon, sirène, etc., tous les beffrois en seront couronnés.

Les trois premiers beffrois étaient situés dans le comté de Flandre : ce serait ceux de Gand, Bergues et Bailleul.

Au-delà de cet aspect symbolique, le beffroi avait de multiples fonctions : sécurité, coffre-fort pour le trésor public, tour de guet, salle des cloches, arsenal, corps de garde, lieu de réunion échevinale, prison, tribunal, archives. La tour reposait sur une cave surmontée de cachots aux noms étranges comme « le Paradis ». À l'étage, une salle accueillait les réunions. De la bretèche, petit balcon sur la façade, se faisaient les proclamations au peuple. Près de l'horloge, le guetteur surveillait les alentours. La légendaire fée Mélusine, femme-poisson, fut choisie comme mascotte par les échevins de Bailleul et d'Armentières. Elle est devenue la patronne des guetteurs de beffrois.

Dès le XVe siècle, la période monarchique entraîne la disparition de l'autonomie communale. Le règne du beffroi s'éteint, mais son altière silhouette se drape de l'âme de la cité. On l'aime comme on vénère un ancêtre. Le romantisme l'adulera. Au XXe siècle, plus on centralise, plus on revendique l'identité locale avec les beffrois. Les Bourses de commerce en sont dotées. Les guerres les anéantissent. Reconstruits à l'identique, lieux de rassemblement officiels et festifs, ces emblèmes de la commune au Moyen Âge sont ceux de la région aujourd'hui.

Meurtrie par les guerres, Hazebrouck a perdu son beffroi moyenâgeux dans un incendie, mais, avec son clocher construit en dehors de sa Grand-Place, elle garde des traces d'une cité libre et marchande.

À Gravelines, le beffroi date de 1827 ; il est la reconstruction du premier beffroi de 1608. C'est une tour carrée de brique brune, coiffée d'un lanternon octogonal qui faisait fonction de fanal.

En 1112, Bergues aurait érigé un premier beffroi en bois, construit sur les fortifications. Commencé au XIVe siècle, refait au XVIe et détruit en 1944, le beffroi de Bergues offre une silhouette bien identique à celui d'origine. Du haut de ses 191 marches, on coiffe toute la Flandre, ses canaux, ses chapelles, ses moulins et ses monts.

Point d'orgue du carnaval, le beffroi de l'hôtel de ville de Dunkerque évoque dans le moindre de ses détails le destin tumultueux de la cité de Jean Bart, corsaire du roi. Et l'histoire même du beffroi est faite de maintes transformations, destructions, restaurations.

Le bulbe inattendu et fantaisiste du beffroi de Comines, réplique de l'ancien beffroi de 1623, peut rappeler la fête des Louches de la ville ou la rubanerie, métier prépondérant de la cité d'antan.

Peint par Corot, célébré par Victor Hugo comme « le plus joli beffroi que j'aie encore vu » et témoin immuable de son histoire, l'inébranlable beffroi gothique de Douai, dentelle scintillante d'ardoise, se dresse depuis 1410.

La tour gothique du majestueux beffroi d'Arras domine les illustres places et procure le vertige. À son sommet trône le mythique lion. Construit au XVe siècle, détruit par la guerre, le beffroi fut reconstruit à l'identique.

Touché par un incendie et reconstruit après la Première Guerre mondiale, le beffroi d'Aire-sur-la-Lys abrite un carillon d'où s'égrènent tous les quarts d'heure des airs populaires.

Le beffroi d'Armentières a la particularité de posséder, dans son escalier, d'inestimables vitraux. Grandioses, ils accentuent la majesté des lieux et soulignent le rôle essentiel de la lumière dans l'œuvre de Cordonnier.

À Bailleul, l'ancien beffroi datait du XIIe siècle ; un obus l'éventra en 1918. Sa base gothique et une splendide salle voûtée qui abritait jadis la salle des gardes ont résisté à l'offensive.

Béthune a gardé, comme Douai, son beffroi du XIVe siècle à l'allure de donjon médiéval. Cette tour de grès de 1388 ne fut jamais abattue. Au sommet domine la girouette dorée : un dragon.

De brique sur une armature de béton et de carreaux émaillés inspirés des demeures flamandes, le beffroi de Lille culmine à 105 m. Il est le plus haut de la région. Véritable phare de la métropole lilloise, il éclaire ses nuits depuis 1932.

En arrivant dans le Nord, on ne peut retenir un sourire ému ou agréablement surpris à l'écoute de nos carillons.

Leur tradition est née à la fin du Moyen Âge, et a débuté dans la région. Ils furent importés en Bourgogne lorsque le comté de Flandre fit partie du duché. Le jacquemart de Dijon, pris par Philippe le Hardi, provient de Courtrai.

C'est à Saint-Amand-les-Eaux que fut créée la première classe française de carillon ! Au sommet de la magnifique tour abbatiale, le carillon est l'un des plus spectaculaires de la région. Au-delà du temps, les cloches continuent d'égrener les heures, de ponctuer la vie. Que ce soit en haut d'un beffroi ou de la tour d'une église du Nord, la chambre des cloches offre ses merveilleux carillons, ses ritournelles aux notes cristallines.

Des cloches répondent aux noms de Joyeuse, Hideuse, Minette... On se croirait transportés dans un conte de fées de madame d'Aulnoy.

Douai, élue capitale des carillons, réveillait les bourgeois au son du fameux air de Gayant, avec son carillon à soixante-deux cloches et son bourdon nommé « Joyeuse ».

Les beffrois de Bergues et de Dunkerque carillonnent au son de la « Cantate à Jean Bart », du « P'tit Quinquin » et autres ballades flamandes.

Certains carillons sont automatisés ; des automates ou jacquemarts martèlent parfois les heures sur les cloches, rappelant le temps de la criée du haut de la tour. À Cambrai, Martin et Martine, deux automates forgerons de 2 m, frappent l'heure sur le bourdon. Mais, le plus souvent, le carillonneur grimpe encore les marches du beffroi. Un travail fatigant l'y attend. Dans la solitude de son observatoire, invisible et humble comme le concepteur de géants, ce virtuose excelle avec ses poings sur le clavier. Il joue sur les graves avec le pédalier. La mélodie se répand sur les places, baigne les façades et se glisse jusque dans les intérieurs où les gens du Nord les fredonnent.

Emblèmes de l'Europe du Nord, traits d'union avec nos voisins, les beffrois du Nord-Pas-de-Calais, symboles de pouvoir, de paix et de fierté, sont classés de nos jours au patrimoine mondial de l'humanité de l'Unesco.

Hymnes à la liberté, mais aussi à la fraternité, les beffrois nous offrent ainsi une belle leçon d'histoire.

VILLES ET PATRIMOINE

De nombreuses villes du Nord furent détruites lors des conflits mondiaux du XXe siècle. Elles n'ont pu garder leurs parures de style Renaissance ou moyenâgeuses qui nous enchantent à Bruges, l'une des « belles Flamandes » de nos amis belges. Pourtant, ici ou là, on découvre des châteaux fortifiés, galeries, remparts, bailliages, tours ; on remarque des façades de brique aux pignons dits du joli nom « à pas de moineaux », des fenêtres à meneaux dignes d'un tableau de Vermeer ou de Pieter De Hooch, et l'on aimerait pénétrer dans ces intérieurs que l'on devine tamisés et feutrés.

DE BEAUX VESTIGES

Oui, il reste de beaux vestiges du passé, et que l'on ne se méprenne pas : les nommer « espagnol » ou « bourguignon » est une erreur. Ils proviennent de l'« époque » espagnole ou bourguignonne, mais furent créés par des bâtisseurs, peintres, verriers et sculpteurs du Nord. Des architectes furent très prisés, tel Jacques Du Brœucq, sous Charles Quint, ou le Lillois Louis Marie Cordonnier. Les ducs de Bourgogne ont fait venir à Dijon une multitude d'artistes flamands (à l'époque où toute notre région se situait dans le duché), tels les tailleurs de pierre Sluter et Claus de Werve. Il n'y a pas d'« Arras espagnol », ni de maisons espagnoles dans le Nord, la plupart étant antérieures à l'occupation espagnole.

Le château comtal de Boulogne-sur-Mer constitue l'ensemble fortifié du Moyen Âge le mieux conservé du nord de la France, et il est le premier à avoir été construit sans donjon au XIIIe siècle !

Dans le Cambrésis, le château d'Esnes reste le plus imposant de la région, et l'un des plus remarquables. Le château de Rametz est, lui, l'un des plus beaux du Bavaisis. En Flandre française, le château d'Esquelbecq, monument historique à huit tourelles, est en cours de rénovation. À Renescure, la forteresse médiévale peut s'enorgueillir d'illustres propriétaires tels les Montmorency. Le château de Flers est également toujours debout. On peut citer pour exemple le château de Barly, de l'époque Louis XVI ; le donjon de Bours dans le Ternois, flanqué de ses six tourelles ; la forteresse d'Olhain entourée de ses douves ; le château de Créminil à Estrée-Blanche ; celui de l'Hermitage à Condé, que le prince de Croÿ avait fait construire au XVIIIe siècle ; ou encore les admirables vestiges de la forteresse de Sars et Rosières dans le Valenciennois. Qui a dit qu'il n'y avait pas de châteaux dans le Nord ?

L'AUTRE REINE DES FLANDRES

En approchant de la région, un élément saute aux yeux : la brique. Elle aussi, « reine des Flandres », comme la bière… Jaune dans le Blootland, rose ou brune dans l'Houtland. Coquette, elle réchauffe les intérieurs, et se fait délicieusement chaude au soleil.

Avec son climat tempéré, royaume du sable et de l'argile, la région convient parfaitement à ce matériau de caractère, discret sous les revêtements de chaux, exubérant et fantaisiste dans les décors baroques. L'argile ou « clyte », cette boue argileuse de Flandre, était envahissante dans les siècles passés lorsque les routes n'étaient pas goudronnées.

Nos ancêtres mettaient un point d'honneur à la vaincre et à chausser des patins à boue, qui les surélevaient judicieusement. Les argiles sableuses ont donné les briques de sable, blondes comme les dunes. À l'intérieur, elles sont roses, nettoyées de l'industrialisation du XIXe siècle qui les avait brunies. Reines des Flandres, elles se conjuguent ailleurs avec des pierres crayeuses, avec le grès ou les « pierres bleues » de l'Avesnois. Elles furent exportées dès le Moyen Âge, notamment vers l'Angleterre. De nos jours, le Nord arbore ses ornementations de brique, et la fantaisie ne manque pas.

La campagne est parsemée de fermes caractéristiques : en Flandre, les hofstèdes, assez basses, résistent au vent. Les censes de l'Artois et du Hainaut, souvent fortifiées et entourées de fossés, en brique, couvertes de pannes, sont carrées avec un porche surmonté d'un pigeonnier. Fin XVIe-début XIXe siècle, les *Albums de Croÿ*, vingt-trois volumes de 2 500 gouaches sur parchemin illustrant les villages du Nord, furent commandés par le Valenciennois Charles de Croÿ pour admirer ses propriétés. Des villages pimpants aux noms flamands comme Terdeghem, Oxelaere ou Hardifort, et d'autres joyeuses communes tiennent lieu de passerelle entre France et Belgique.

LES CHARMEUSES

L'origine de Cassel, fièrement posée sur sa « montagne », relique de l'ère tertiaire et colline de sable et d'argile, remonte à des temps reculés et obscurs. Avec ses voies romaines et son *castellum*, elle constituait un grand carrefour routier du nord de la Gaule, et possédait une double enceinte fortifiée, celle des remparts et celle du château. Elle fut fréquentée par les chevaliers du Temple. Le 23 septembre 1128 avec deux autres compagnons, le chevalier Godefroy de Saint-Omer rencontre le comte de Flandre, Thierry d'Alsace, à l'église Saint-Pierre de Cassel. Ce dernier leur accorde des droits et des jouissances à perpétuité. Dès lors, ils vont se rencontrer souvent à Cassel, sur cette butte jadis couronnée d'un dolmen et reconnue comme étant un nœud de courants telluriques.

Assiégée, dévastée, détruite... Les vestiges de son illustre passé tiennent du miracle, en dépit des grandes batailles menées en son sein. L'élégant hôtel de la Noble-Cour porte bien son nom. Avec ses belles portes anciennes, ses fragments de remparts, ses ruelles pittoresques et pavées, son moulin, ses vieilles maisons et ses passages, Cassel, la « belle sentinelle », a su préserver son identité et son charme. Reconstruite et remaniée maintes fois, la tour de l'église collégiale daterait du XIe siècle.

Ville drapière comme ses sœurs flamandes, Saint-Omer est le point de départ d'une randonnée dans le monde secret des marais. Avec les ruines de sa tour Saint-Bertin, ses hôtels, ses sculptures sur les façades, c'est une ville étonnante.

Point de rencontre entre l'Artois et Flandre, Aire-sur-la-Lys a conservé son charme d'antan. Elle peut s'enorgueillir d'une collégiale du XVIe siècle et d'un magnifique bailliage de style Renaissance, en brique et pierre, aux façades richement décorées. De fines colonnes supportent les arcades. Place forte au Moyen Âge, riche possession bourguignonne, Aire-sur-la-Lys demeura longtemps, comme Saint-Omer, sous la domination espagnole.

Le flamboyant hôtel de ville de Hondschoote, un des plus beaux de Flandre, raconte son passé de ville drapière, très renommée à l'époque de Charles Quint.

Douai, la « belle discrète », se reflète dans la Scarpe. Ville de drapiers, de l'université créée par Philippe II d'Espagne, elle fut une cité religieuse, avec ses trente-deux couvents, mais aussi une ville libre, avec son magnifique beffroi.

Au bord de l'Escaut, Cambrai garde des traces de son prestigieux passé ecclésiastique. Sous son ancienne citadelle existe un réseau de galeries militaires qui permit la défense de l'importante forteresse.

Saint-Amand-les-Eaux, comme son nom l'indique, fut toujours réputée pour ses quatre sources, et aujourd'hui, elle est une grande station du thermalisme. C'est une jolie ville dominée par la merveilleuse tour abbatiale, plus beau monument baroque du nord de la France, vestige, avec l'échevinage, d'une abbaye dont la prospérité était immense.

TEL LE PHÉNIX !

Humiliés par les corsaires dunkerquois, les Anglais obtinrent, à la Paix d'Utrecht en 1713, la démolition complète des remparts de Dunkerque. Ville martyre sous la Seconde Guerre mondiale, elle fut la dernière ville libérée en 1945. L'avait-on oubliée parce qu'il n'en restait que des ruines ? Seuls étaient debout le beffroi, l'hôtel de ville et, tel un défi, se dressant miraculeusement au milieu des décombres, la statue du célèbre corsaire Jean Bart. Comme un reflet de l'attitude de son illustre ancêtre, la ville se redressa avec dignité. Elle renaquit de ses cendres. De style néoflamand, son hôtel de ville fut restauré après la guerre. Classé au patrimoine mondial de l'Unesco, il possède, dans son arrière-cour, une porte monumentale du XVIIe siècle.

Effroyablement détruite durant les deux guerres mondiales, Hazebrouck a gardé, de l'ère napoléonienne, son hôtel de ville. Arcades et colonnades impériales s'étalent avec ostentation sur la Grand-Place. Mais surtout, demeure son ancien couvent des Augustins, magnifiquement restauré et témoin d'une petite cité florissante sous la Renaissance flamande.

Dévastée, elle aussi, par la Première Guerre mondiale, la ville de Bailleul fut reconstruite dans un style néoflamand remarquable.

LES PLUS BELLES PLACES ET LEUR IMPRESSIONNANT LABYRINTHE

Arras peut être fière de posséder deux places uniques au monde, classées monuments historiques. Elles présentent un ensemble unique de cent cinquante-cinq maisons anciennes à arcades, à deux niveaux, coiffées de pignons à volutes baroques des XVIe et XVIIe siècles. Des enseignes nous rappellent les métiers de jadis. Elles furent reconstruites à l'identique après leur destruction lors de la Première Guerre mondiale. Elles gardent toutes deux le souvenir d'un des plus importants marchés au grain de France au XVe siècle, de ses ventes de draps, de ses tournois et réjouissances fastueuses. De nuit, la Grand-Place est illuminée, comme sa sœur, la Petite-Place ou place des Héros, sur laquelle se tiennent le beffroi chanté par Verlaine et l'hôtel de ville. Sur ce dernier, les lucarnes surmontées de pinacles valent le coup d'œil, « surgissant du toit comme de petites notes de musique », nous dit l'auteure Vera Dupuis (*Nord-Pas-de-Calais*, Éditions Ouest France).

Parmi les souterrains qui furent aménagés en des temps ancestraux, et que l'on appelle « boves » ou « muches », ceux d'Arras sont particulièrement remarquables.

Sous les arcades de la Grand-Place, sous l'hôtel de ville et les maisons à arcades, des escaliers mènent à des cryptes et à un dédale de galeries aux belles voûtes, aux colonnes de grès à chapiteaux romans ou picards. Certaines maisons d'Arras possèdent plusieurs caves superposées et de véritables labyrinthes s'étendant sur 10 km...

Cet inextricable réseau de carrières creusé dans le calcaire était utilisé au temps des invasions comme logements. Il servit aussi de caves et d'écuries, et les galeries s'étendent sur 100 000 m^2. Certaines furent creusées à l'époque gallo-romaine. En 1917, une partie prit le nom de « carrière Wellington », car elle servit d'abri à 24 000 soldats néo-zélandais et britanniques, qui y préparèrent, en secret, l'offensive.

LES BELLES DE VAUBAN

Des remparts et fortifications dans le Nord, des bastions complétés par des demi-lunes, entourés de profonds fossés ?

Oui ! Vauban ne les a pas toujours créés, mais il les a parfois renforcés. Certains bastions avaient été mis en place par les comtes de Flandre puis par Charles Quint. Ainsi, la malheureuse Thérouanne, détruite sur l'ordre de l'empereur, posséda le premier bastion européen. Ils sont le reflet de guerres successives, d'invasions dont notre région fut victime, mais aussi de l'acharnement avec lequel l'homme du Nord s'est battu pour son territoire et sa liberté.

Des fortifications demeurent au Quesnoy, à Avesnes-sur-Helpe, Maubeuge, Bergues, Montreuil-sur-Mer, Gravelines, Lille... Elles sont de magnifiques lieux de promenade, des invitations à parcourir les siècles, dont la région peut être fière. En dehors de ses autres attraits, la citadelle de Montreuil-sur-Mer représente sept siècles de fortifications, sa muraille est quasiment intacte et offre une vue prodigieuse sur les sept vallées.

Ces villes font partie du fameux pré carré, système défensif de treize places fortes établi par Sébastien Le Prestre de Vauban, ingénieur militaire et stratège hors pair, après la conquête de la région par Louis XIV.

Le pré carré est une astucieuse double ligne défensive allant de la mer du Nord aux Ardennes. La première relie Dunkerque à Maubeuge, en passant par Bergues, Lille, Condé-sur-l'Escaut, Valenciennes et Le Quesnoy. La deuxième court de Gravelines à Avesnes en passant par Saint-Omer, Aire-sur-la-Lys.

Aux portes de l'Avesnois, Le Quesnoy possède des fortifications, témoins de toutes les époques. Cinq bastions existaient sous Charles Quint, Vauban en fit construire trois autres. Remarquables, ils sont très prisés des visiteurs, qui ne rechignent pas à effectuer les 14 km de sentiers en trois bonnes heures de marche !

À Gravelines, « étoile de Vauban », les remparts restaurés continuent d'étonner le visiteur, le long de 10 km d'une promenade aménagée. Le chemin de ronde l'emmène jusqu'à la porte aux Boules, autrefois dotée d'un pont-levis. On peut en faire le tour en bateau !

Derrière ses murailles et ses portes monumentales, Bergues, jadis « belle endormie », s'est réveillée sous la baguette du septième art. Lamartine, député de la ville, y trouva-t-il son inspiration ? Avec son beffroi, son magnifique musée du Mont-de-Piété et ses maisons de brique de sable, le charme opère. À l'abri de l'enceinte fortifiée se profilent sur le Groenberg, dans un décor de conte de fées, les vestiges de l'abbaye de Saint-Winoc : la Tour pointue et la Tour carrée. D'allure médiévale, la monumentale porte de Bierne plonge le visiteur dans un voyage à travers les siècles. La porte de Cassel permet d'accéder aux remparts espagnols. Le soleil de Louis XIV domine l'ouvrage au niveau du fronton triangulaire et, sur une façade, figure le plan des fortifications de Vauban.

LA REINE DES CITADELLES

À une heure de Paris, deux de Londres, trente minutes de Bruxelles, au cœur de l'Europe des affaires, à la croisée des chemins : Lille. On y arrive en TGV, en avion, en voiture, et très vite on adopte son tramway, son métro ou, le plus souvent, on déambule à pied. Et l'on est étonné...

Vauban construisit les fortifications de Lille peu après le siège de la ville. Il les conçut avec l'architecte Simon Vollant et la nomma « reine des citadelles ».

Lille portait le nom de « capitale des Flandres » au XVIIe siècle. La porte de Paris, sur les remparts, fut édifiée pour célébrer la prise de la ville en 1667. Cet arc de triomphe remplace la porte des Malades, qui s'intégrait dans l'enceinte au Moyen Âge. Au sommet, une Victoire dépose une couronne de laurier sur la tête du conquérant taillée dans un médaillon. Entre Hercule, symbole de la force, et Mars, le dieu de la Guerre, elle exprime la puissance et la magnificence du Roi-Soleil.

Lille : capitale historique des comtes de Flandre, ancienne ville d'eau, métropole tentaculaire, à forte concentration urbaine. Ville de foires et de draperie, prise dans les tourmentes révolutionnaires, Lille en Flandre vécut les triomphes de la filature, et devint capitale industrielle. Elle subit les conflits et les crises, et vécut les mutations économiques et sociales.

Les découvertes ne manquent pas, elles sont sur une façade colorée et flamboyante, un pastiche fantaisiste, une sculpture baroque ou une enseigne, à l'intérieur d'une échoppe, dans l'enchevêtrement des rues anciennes. Lille ne craint pas l'extravagance. Elle a le goût du fantasque et de l'étrange…

Symbole fastueux d'une cité marchande au carrefour des grandes foires, créée de main de maître par Julien Destrée en 1652, et restaurée avec les teintes d'origine, la Vieille Bourse, sur la Grand-Place, est le plus prestigieux monument de Lille. Ses vingt-quatre maisons identiques décorées de cariatides, de guirlandes fleuries, d'écussons aux armes de Philippe IV d'Espagne, bâties aux frais de vingt-quatre marchands, cernent un cloître. Ce dernier abritait les marchands et changeurs. Ils ont cédé la place aux bouquinistes, au marché aux fleurs et aux joueurs d'échecs. Julien Destrée était également fabricant d'écrins. La Bourse est à la fois le joyau et l'écrin. Son chef-d'œuvre.

Au cœur du Vieux-Lille, on aime flâner, les yeux levés sur les façades restaurées, le cœur plongé dans l'Histoire. Rue de la Monnaie, près des antiques boutiques à la façade de bois et de brique converties en royaume des décorateurs, l'hospice Comtesse tient son nom de la comtesse Jeanne de Constantinople qui gouverna la Flandre. Hôpital, hospice, il est aujourd'hui un merveilleux musée.

Le palais Rihour est *le* vestige architectural du XVe siècle, époque où les ducs de Bourgogne régnaient sur Lille. Seuls l'escalier d'honneur et les deux chapelles gothiques superposées ont échappé à l'incendie accidentel de 1916. À l'étage, la salle du Conclave est l'ancienne chapelle ducale de la Renaissance, que jouxte une sacristie illuminée par des vitraux anciens.

L'Opéra, la chambre de commerce et d'industrie et son beffroi sont l'œuvre de l'architecte lillois Louis Marie Cordonnier. En 1907, à la suite de l'incendie du théâtre, Cordonnier est chargé de construire un Opéra, dans l'esprit des réalisations de Charles Garnier à Paris et Monte-Carlo. Il est aujourd'hui magnifiquement restauré.

Érigée en 1845 sur la Grand-Place, une colonne commémore la résistance victorieuse de la ville lors du siège des Autrichiens en 1792. Le sculpteur en est le Douaisien Théophile Bra, auteur de deux bas-reliefs sur l'arc de triomphe de Paris. La déesse de bronze à la mine altière tient un boutefeu qui allume la mèche des canons. Sa main gauche indique une inscription gravée sur le socle : le refus courageux du maire de Lille, André, de rendre sa ville, assiégée. Dans l'atmosphère magique d'une nuit lilloise, avec sa symphonie de lumières qui exalte les façades, la déesse veille sur le sommeil des Lillois.

À Lille, on dit que la déesse voit et entend tout...

Au sommet de l'immeuble de *La Voix du Nord*, dominant le pignon en escalier ou « à pas de moineaux », les trois Grâces dorées, représentant l'Artois, la Flandre et le Hainaut, défient le vent du Nord.

Éclectique, fascinante parce qu'elle allie tous les siècles et tous les peuples d'Europe, Lille défie les curieux par des juxtapositions singulières. L'art moderne se mêle joyeusement à l'art baroque, et la ville ne craint pas le mélange des genres. Mais au-delà de ce festival de surprises décoratives, c'est une ville estudiantine et excitante, toujours en mouvement. Antre des étudiants qui viennent dès le printemps se rencontrer sur les terrasses de la Grand-Place et des rues adjacentes, partager une bière dans les bistrots du Vieux-Lille, s'aimer dans le jardin de la reine des citadelles, ou déambuler dans les marchés typiques de Wazemmes. Jeunes et moins jeunes se côtoient dans les petites brasseries, dans des atmosphères conviviales. Il y fait bon vivre.

Fourmillante de vie, terre natale de grands hommes, terre d'accueil, Lille ouvre ses portes, que ce soit pour les fêtes ou au quotidien dans ses cafés et ses boutiques. Et si elle fut un temps sinistrée du fait de la crise du textile et de la métallurgie, Lille la Magnifique, la trépidante, a réussi le grand défi de sa renaissance ou « métamorphose ».

UN PATRIMOINE RELIGIEUX DE GRAND INTÉRÊT

Le Nord fut de tout temps une terre de foi, marquée par le catholicisme, en dépit des foyers de réforme, très actifs en Flandre. Les biens d'Église furent plutôt épargnés par la Révolution, tant la foi était inscrite dans l'esprit des habitants.

L'abbaye cistercienne de Vaucelles, près de Cambrai, construite au XIIe siècle, était la plus vaste église cistercienne d'Europe et surpassait toutes les cathédrales gothiques. Elle aurait pu contenir Notre-Dame !

À Seclin et Lille demeurent deux hôpitaux remarquables, qui étaient tenus par des sœurs. Celui de Lille, créé par Jeanne de Flandre, est l'hospice Comtesse. L'hôpital de Seclin, fondé par sa sœur, Marguerite de Flandre, a déjà servi de décor pour des films. Les dernières sœurs viennent de partir, elles y étaient depuis... le XIIIe siècle. Un autre hôpital religieux et urbain, l'hospice Gantois, à Lille, a été transformé en hôtel de luxe. De l'ancienne abbaye bénédictine de Saint-Amand, il ne reste que l'échevinage, et surtout une éblouissante tour de style baroque à l'allure princière, laquelle suscita dans les siècles passés bien des jalousies ! Aujourd'hui, elle abrite le musée.

Le génie sensuel de Rubens flamboie dans un très bel édifice religieux de Flandre-Artois, la cathédrale Notre-Dame de Saint-Omer, avec *La Descente de Croix*.

Le couvent des Augustins à Hazebrouck, la chartreuse de Douai, l'abbaye Saint-Vaast d'Arras, l'ancien palais des archevêques de Cambrai se sont, eux aussi, reconvertis avec bonheur en musées. Notons, avec quelque fierté, que Cambrai détient la plus belle chapelle de style baroque de France, bâtie par les Jésuites, et qu'un village, Wirwignes, près de Boulogne-sur-Mer possède, lui, l'église la plus étonnamment décorée. À Sercus, l'église Saint-Érasme est classée monument historique. Elle est la dernière de la région flamande à avoir conservé son chœur roman et sa tour du XIe siècle.

L'abbaye Notre-Dame du Mont à Watten fut fondée en 1072 par le comte de Flandre Robert de Frison, petit-fils du roi de France. Sur le mont, à proximité du moulin, subsiste une tour du XVIe siècle, classée elle aussi aux monuments historiques.

Les industriels catholiques du Nord ont poursuivi la tradition hospitalière, comme Philibert Vrau et son beau-frère, en finançant l'université catholique de Lille au style néogothique. L'église Saint-Joseph à Roubaix est couverte de fresques qui sont une ode aux ouvriers des manufactures de tissage. La bien-aimée Notre-Dame des Dunes à Dunkerque donna son nom à Dunkerque (*dun-kerk* : église des dunes).

Dans la Thiérache, ce sont plus de soixante églises fortifiées, ou « forts d'églises », qui se dressèrent à la frontière du Saint Empire romain germanique. Pour se protéger de l'ennemi, les habitants eurent l'idée de fortifier les seuls édifices en dur qu'ils possédaient, les églises, et construisirent dans l'esprit du Moyen Âge des murailles, meurtrières, donjons, tourelles. Il en reste, et des plus étonnantes !

Que sont les « chapelles de route » ? Des petits sanctuaires consacrés au culte de la Vierge ou à celui d'un saint, permettant un recueillement de proximité. Ces oratoires sont disséminés dans la campagne, et on les découvre à l'abri d'un bosquet, au croisement de deux routes, au bord d'un champ. Jadis, la ferveur populaire était telle que l'on peut aisément imaginer nos ancêtres s'y recueillant, en quête de guérison, ou lors de pèlerinages.

« Ici commence la révolte des gueux ». Entre Hondschoote et Killem, la chapelle des Trépassés dédiée à Notre-Dame des Affligés évoque la Réforme en Flandre.

Très imposantes, bien assises sur leurs nefs évoquant la Trinité, ce sont les hallekerques. Elles signifient, en flamand, « églises-halles ». Elles comportent trois nefs, séparées par deux rangées de colonnes supportant des voûtes en berceau lambrissé, et souvent une tour massive. Édifiées après les guerres de Religion, qui affectèrent le patrimoine religieux, ces églises à la silhouette trapue s'inscrivent dans le paysage du Nord aussi sûrement que les moulins.

Il faut y entrer, si la porte est ouverte. L'étonnement est au rendez-vous : le faste baroque surprend ; des triptyques à Arneke, des retables à Saint-Martin de Wormhout, des buffets d'orgue qui sont de vrais chefs-d'œuvre à Auxi-le-Château, à Bambecque, à Hondschoote, etc., avec des arabesques et des chérubins, dans une profusion de dorures et de faux marbres.

Dans la hallekerque de Quaedypre, des pièces de mobilier proviennent de l'ancienne abbaye de Saint-Winoc et donnent une idée de la richesse des institutions religieuses installées jadis à Bergues.

Une excentricité à Eecke : la hallekerque habillée de brique et vouée à la Vierge est séparée de son clocher de bois, le Klockhuys ou « maison des cloches », qui lui, trône au milieu du cimetière.

La hallekerque de pierre et de brique rose du XVIe siècle d'Hazebrouck, l'église Saint-Éloi, a retrouvé sa flèche : 80 m de dentelle en pierre, autrefois nommée « Turris Splendida » par Sandérus. Détruite par la guerre, elle est revenue sur son clocher grâce à l'acharnement de quelques obstinés.

Et enfin : un retable en albâtre unique en Europe !

Alors que de nombreux retables sont en bois, ce retable en cinq marbres différents, aux douze statues en albâtre, qui vient d'être restauré en 2013, est un chef-d'œuvre. Il se situe dans l'église rénovée, elle aussi, de Notre-Dame de Calais, église qui célébra le mariage… du général de Gaulle.

UNE TERRE D'ART ET DE CULTURE : UNE ÉBULLITION ARTISTIQUE !

Des motifs de fierté, et non des moindres : les joyaux culturels, qui témoignent de la richesse artistique de la région. L'architecture des bâtiments nous offre souvent un décor sorti d'un tableau de maître flamand. Parfois, nous déambulons dans un espace du XXIe siècle, alliant le verre, le bois et la brique.

Rénovations, échanges internationaux, projets pédagogiques : une cohabitation des arts réussie.

LA PLUS BELLE PISCINE DE FRANCE... DEVENUE MUSÉE

Il était une fois une incomparable piscine des années 1930...

Elle fut créée sur l'initiative du maire de Roubaix, Jean Lebas, désireux d'offrir à ses concitoyens, qui vivaient au rythme ardu des usines, un temple innovant dédié au corps, à l'hygiène et au sport, dans un décor luxueux Art déco. L'architecte lillois Albert Baert la conçut selon les plans d'une abbaye cistercienne ; le bassin d'eau chaude est une grande nef basilicale, bordée de part et d'autre de cabines de bain, et aux extrémités de laquelle deux vitraux symbolisent le soleil levant et le soleil couchant.

En 2001, après des années d'abandon, mais heureusement sans démolition, elle fut choisie pour devenir le musée d'Art et d'Industrie. Grâce au talent de l'architecte Jean-Paul Philippon et à celui d'autres magnifiques artistes, grâce au coup de foudre et au désir de Bruno Gaudichon, son conservateur, elle est devenue l'un des musées les plus originaux et incontournables de France. Les Roubaisiens des années 1930 quittaient un environnement de cheminées crachant leurs fumées, leurs maisons de brique rouge noircies par l'industrie, pour découvrir un enchantement de lumière, d'eau et de beauté dans ce lieu dédié au bien-être du corps. De nos jours, nous éprouvons le même éblouissement dans cet écrin abritant en son sein un foisonnement d'allégories, où les références à l'Histoire sont omniprésentes.

Le grand bassin en mosaïque, les immenses vitraux solaires, son jardin intérieur sont déjà une œuvre d'art. S'y ajoutent les milliers de sculptures et de tableaux, les céramiques, le mobilier design, les collections textiles, les objets, les bijoux...

Les molosses, le triptyque, la suite de sculptures placées sur les versants septentrionaux et méridionaux du bassin plus étroit, le grand vitrail allégorique *Les Arts et l'Industrie*, les tableaux suspendus à l'occident sont des « détails du décor » choisis par l'architecte rénovateur. Quant à l'atmosphère de sérénité et l'harmonie qui se dégagent de ce lieu très bien orienté, elles montrent à l'évidence que tant le constructeur que l'auteur de la restauration d'ensemble ont été portés par le symbolisme.

Y a-t-il un endroit au monde où nos cinq sens soient à ce point satisfaits ? Le toucher, ce sont toutes les matières textiles dans les petits tiroirs. L'ouïe, le chant de l'eau et ces cris d'enfants, échos sonores des baigneurs s'ébattant joyeusement, qui, à intervalles réguliers, nous reviennent du passé. La vue, avec toutes les œuvres présentées et la lumière de ce lieu magique. L'odorat dans le jardin, avec les fleurs et autres essences. Et le goût – mais oui, même le goût –, avec le chocolat et les gaufres de chez Meert ! Les sens ? Pas seulement ! La multitude et la richesse des thèmes abordés nous incitent à la curiosité et à la réflexion personnelle. La Piscine ou musée d'Art et d'Industrie André-Diligent de Roubaix est un lieu fabuleux. Vitraux, mosaïques, bassin en céramique, orientalisme, effervescence décorative… L'émotion est au rendez-vous.

LE LOUVRE DU XXIE SIÈCLE… À LENS !

Une annexe du plus grand musée du monde depuis son inauguration en décembre 2012 ? Non, bien plus ! Après plus d'un an d'ouverture, ce musée est une magnifique réussite. Le pari audacieux est largement gagné. Il suffit de voir le nombre de visiteurs, du Nord et d'ailleurs, les cars qui affluent journellement vers ce site, qui fut un ancien carreau de mine : la fosse 9-9 bis de Lens.

La conception de plain-pied de ce musée de lumière et de verre en fait un musée du XXIe siècle, abordable et pratique, destiné à tout public.

Sa belle et longue galerie du Temps de 3 000 m^2 nous fait remonter le passé, de façon chronologique et transversale.

Les œuvres présentées resteront cinq ans, et une rotation se fera pour le plaisir des futurs habitués. Deux grandes expositions temporaires annuelles sont présentées dans une autre galerie, comme ce fut le cas de « L'Europe de Rubens » en 2013. La grande originalité de ce musée est de réunir des œuvres d'une même période, mais de civilisations différentes, alors qu'à Paris, elles sont séparées en départements et écoles.

Une vision non conformiste et très instructive.

Le Louvre-Lens a reçu le prix de l'Équerre d'argent en 2013, qui récompense la plus belle réalisation architecturale de l'année… Vivat le Louvre-Lens !

LE PREMIER MUSÉE DE PROVINCE

Le palais des Beaux-Arts de Lille, l'un des plus grands musées de France, détient, sur plus de 22 000 m², la deuxième plus grande collection d'œuvres de France (sculptures, peintures, dessins, céramiques...), après celle du Louvre. Dans le « bâtiment-lame », situé derrière le bâtiment principal et renvoyant ainsi son reflet dans ses parois de verre, se trouvent les services administratifs, le cabinet des dessins, les ateliers de restauration et le restaurant.

Magnifiquement exposés à l'intérieur du palais des Beaux-Arts, environ cinq cents tableaux offrent au regard des visiteurs un panorama complet des plus grands foyers artistiques européens du XIIe au XXe siècle ; quant aux collections, elles sont reconnues dans le monde entier.

D'autres musées des Beaux-Arts n'ont pas à rougir de leurs collections.

Celui de Valenciennes, avec sa rotonde centrale, ou place Carpeaux, qui accueille les sculptures et sa colonne végétale contemporaine. Carpeaux, ce maître artiste, est né en 1830, à Valenciennes. Connu du monde entier, il obtint le grand prix de Rome ; il est, à lui seul, un grand motif de fierté pour le Nord.

Le musée d'Arras, l'un des plus grands et plus beaux édifices de la région ; celui de Cambrai dans son ravissant hôtel du XVIIIe siècle ; celui de Dunkerque, avec ses objets exotiques provenant des capitaines au long cours ; celui de Calais, installé dans une ancienne usine de dentelles ; ou encore celui de Tourcoing, qui a la particularité d'associer les arts anciens et contemporains en se moquant des catégories, ce qui permet un regard neuf et inattendu... Tous méritent le détour !

L'hospice Comtesse, à Lille, est l'ancien hôpital des Augustines, fondé au Moyen Âge par la comtesse Jeanne de Flandre et réhabilité en musée.

On le visite autant pour sa décoration intérieure que pour ses collections. Les pièces anciennes sont préservées, évoquant les maisons religieuses flamandes du XVIIe siècle. Nous éprouvons alors l'étrange sensation d'être absorbé par les tableaux, d'être passé de l'autre côté du miroir... Ainsi dans la cuisine aux merveilleux carreaux de faïence lillois, dans le réfectoire avec les sculptures de son mobilier flamand, dans le dortoir de religieuses au premier étage, où l'on admire des œuvres illustrant la vie lilloise dans l'Ancien Régime. Mais il y a aussi la pharmacie, la chapelle, le jardin médicinal, et surtout la majestueuse salle des malades du XIVe, dans la cour d'honneur, qui accueille souvent des expositions.

Depuis 2010, le musée de Flandre à Cassel est le premier et unique musée à mettre en lumière l'identité culturelle flamande.

Il recèle des tableaux de maîtres du XVIIe siècle, des petites merveilles de l'art populaire et du sens de la dérision et de la démesure propres à l'esprit flamand. Ces chefs-d'œuvre sont abrités dans l'ancien hôtel de la Noble-Cour, un des fleurons de l'architecture civile flamande du XVIe siècle. Le bâtiment avait été classé au titre des monuments historiques en 1910. Restauré, il arbore fièrement son admirable façade Renaissance, ses pierres de taille et de brique, ses corniches, ses fenêtres à meneaux. Au Moyen Âge, il existait déjà. Il s'agissait de la châtellenie – l'instance administrative et financière – ou Landhuis (« maison du pays ») fondée en 1218 par la comtesse Jeanne de Flandre, ainsi que la cour de justice. Les tours et pignons rappellent l'art médiéval de la région. La toiture allégorique symbolise les juridictions dépendant de la Noble-Cour. Certaines caves appartiennent sans doute à un hôtel médiéval. Elles possèdent des voûtes en plein cintre et sont constituées de moellons de grès, que l'on utilisait pour bâtir les églises et autres demeures de prestige.

L'un des musées les plus injustement méconnus peut-être – ce qui n'est pas le cas du beffroi ! – est celui de Bergues.

C'est un monument classé et étonnant, au pignon de style baroque, le mont-de-piété, qui date du XVIIe siècle, qui abrite le musée aux toiles flamandes, hollandaises et françaises, parmi lesquelles *Le Vielleur au chien* de Georges de La Tour, une centaine d'aquarelles de moulins peintes par le Boulonnais Drobecq.

L'ancien couvent des Chartreux de Douai, des XVIe et XVIIIe siècles, son cloître, le réfectoire, la salle capitulaire, l'église, le logis des hôtes sont autant d'espaces d'exposition pour les remarquables collections du musée (grands retables, peintures italiennes, hollandaises et flamandes, école française du XVIIIe siècle).

Dans le musée d'Hazebrouck, les peintures sont exposées dans les galeries restaurées, témoins du passé de ce couvent des Augustins, magnifique bâtiment de la Renaissance flamande. Il abrite une très belle collection de peintures flamandes et hollandaises, ainsi que des pièces d'art sacré de l'église Saint-Éloi. On peut également y découvrir les géants de la ville, et la reconstitution d'une cuisine traditionnelle flamande.

On se bouscule dans le monde entier pour des demandes de prêt de collections du musée de l'hôtel Sandelin à Saint-Omer. Il possède de belles collections de faïence de Lille, de Desvres, comme à l'hospice Comtesse.

Fondé en 1859 à la suite du legs du collectionneur Benoît de Puydt, le musée de Bailleul expose une très belle collection de peintures des écoles flamande, française et hollandaise, dont *L'Adoration des Mages* de Bruegel. Le XIXe siècle est bien représenté par l'importante collection des œuvres de Pharaon De Winter, peintre bailleulois.

À Dunkerque existe un musée exceptionnel en France : le musée à flot.

En effet, le Musée portuaire est à quai, mais aussi « à flot » sur trois bateaux ouverts à la visite : le *Duchesse Anne*, la péniche *La Guilde* et un bateau-phare. Que ce soit à terre ou à flot, les histoires du port, des pêcheurs, les conditions de vie des marins sont contées de façon agréable. Dans le cadre de « capitale régionale de la culture » en 2013, selon le concept de l'artiste Bertrand Bossard, une visite en bateau du port, ludique, historique et totalement « décalée », fut proposée.

Unique aussi est cette plongée fabuleuse dans le monde de l'eau, avec Nausicaá. 1991 fut la date d'ouverture de ce Centre national de la mer à Boulogne, premier équipement touristique régional, avec près d'un million de visiteurs par an ! Nausicaá tire son nom d'une princesse de l'*Odyssée* qui réveilla Ulysse sur le rivage, après une tempête. Dommage pour elle, il y avait déjà Pénélope… Cette réalisation extraordinaire fut couronnée par l'Unesco. Entre ciel et terre, ce centre de la mer est bien davantage qu'un immense aquarium ; il est une plongée magique dans le monde des abysses, et comme l'écrit Jean Callens : « C'est surtout la réalisation d'un rêve, celui de faire de tout visiteur un amoureux de la mer. »

Le musée du Dessin et de l'Estampe originale de Gravelines est appelé l'« Arsenal ». Il s'agit en réalité du château édifié par Charles Quint à partir de 1528, transformé aux XVIe et XVIIe siècles, puis restauré au XXe siècle. L'histoire et les techniques de l'estampe y sont retracées, avec des chefs-d'œuvre de Dürer, de Picasso, entre autres. Des statues du XVIe siècle « font la conversation » sur les remparts.

Dans le très beau musée de la faïencerie, à Desvres, on peut admirer une pipe gigantesque en céramique qui figure dans le *Livre Guinness des records* !

Parmi les musées originaux, citons aussi le musée de la Radio à Boeschèpe ; la galerie des animaux monstrueux – vestiges d'un cabinet de curiosités – du musée d'Histoire naturelle de Lille, lequel comprend en réalité quatre musées scientifiques ; le musée du cirque La Gardine de Wasquehal ; celui de la poupée à Wambrechies ; l'écomusée de l'Avesnois ; des musées d'orfèvrerie ; le château-musée de Boulogne-sur-Mer ; le musée du Touquet, situé dans une villa balnéaire ; le musée du Carillon, à Tourcoing ; une « Isle aux jouets », unique au nord de Paris et nichée à Wambrechies ; un musée de la vie d'antan dans la délicieuse maison flamande de Jeanne Devos, photographe et conteuse née, à Wormhout ; la ferme des Orgues, à Steenwerck ; le nouveau centre d'art sacré dans la crypte de Notre-Dame-de-la-Treille à Lille, lequel a pris ses quartiers d'hiver, mais ne devrait plus tarder à être rouvert au public, et ce, de façon récurrente ; le musée de la Dentelle de Caudry ; la Manufacture des Flandres, à Roubaix ; la Cité internationale de la dentelle et de la mode, à Calais ; et bien d'autres dédiés au patrimoine industriel...

DU FLEURON DE L'ARCHITECTURE ART DÉCO À L'AVANT-GARDE

Inaugurée en 1932, la villa Cavrois, à Croix, est une commande de Paul Cavrois, industriel roubaisien du textile, à l'architecte parisien Robert Mallet-Stevens. Depuis le parc de 2 ha qui l'entoure, l'impression extérieure est celle d'un paquebot.

Cette demeure est un superbe exemple du talent de Mallet-Stevens. Au lendemain de la Seconde Guerre mondiale, la famille Cavrois doit la vendre. Divisée en appartements, puis laissée à l'abandon, squattée, vandalisée, elle est sauvée par l'État et confiée au Centre des monuments nationaux (CMN) pour être restaurée, ouverte à la visite, et offrir une programmation culturelle qui en fera un pôle de rayonnement international pour l'architecture et le design moderne. Les Journées européennes du patrimoine furent l'occasion pour le CMN de présenter au public le chantier de restauration de la villa Cavrois. La réouverture complète de la villa est prévue courant 2015.

Petite parenthèse non négligeable : Mallet-Stevens occupa le poste de directeur de l'école des Beaux-Arts de... Lille (de 1935 à 1939).

Le LaM, musée d'Art moderne de Lille Métropole, est situé depuis 1983 sur le site du parc du Héron à Villeneuve-d'Ascq. Son architecte, Roland Simounet – on lui doit la réhabilitation de l'hôtel Salé qui abrite à Paris le musée Picasso –, a créé une harmonie entre espaces intérieurs et extérieurs. Il ouvrit les murs en brique de larges baies vitrées. Très bien doté – les grands capitaines d'industrie s'étant faits mécènes –, l'intérieur du bâtiment à l'architecture avant-gardiste abrite des collections des maîtres du fauvisme, du cubisme, mais aussi de l'art naïf ou abstrait. Le musée est entouré d'un jardin de sculptures très pittoresque.

L'ancien centre de tri a été transformé en musée d'art contemporain, Le Tripostal. Sur trois niveaux, il est au cœur de l'aventure de Lille 3000, et ses expositions ne manquent jamais d'audace.

Un autre lieu d'art contemporain très réussi est celui de Dunkerque, au milieu d'un jardin de sculptures, là aussi. Son cabinet d'arts graphiques est unique en France.

DES MUSÉES INCONTOURNABLES

Ces espaces sont dédiés au souvenir des guerres, de la Résistance, comme à Denain et à Bondues ; des blockhaus, comme celui d'Éperlecques, le plus grand construit en France. Oui, ils sont incontournables, car, bien plus que des collections d'objets, ils présentent un aspect didactique et une « mise en scène » qui permet d'appréhender l'Histoire d'une manière concrète et riche en émotions.

Citons aussi la Coupole d'Helfaut, près de Saint-Omer, pour la Seconde Guerre mondiale : Hitler fit construire une base de lancement des V2, qui devaient être tirés de notre région vers l'Angleterre. Le premier missile de l'Histoire. Plus de 1 000 travailleurs forcés durent creuser, sous les coups et les privations, les kilomètres de galeries dominées par une coupole. Heureusement, le chantier fut abandonné avec la débâcle de 1944. Aujourd'hui, la Coupole est devenue un grand lieu de mémoire, mais aussi de conquête spatiale. Étrange ? Les Alliés embauchèrent les ingénieurs des V2 afin de construire la fusée qui mit en orbite... Apollo, pour son voyage sur la Lune ! Son planétarium est étonnant.

Incontournables aussi sont ces lieux de mémoire universels :

Notre-Dame-de-Lorette, impressionnant site au cœur de l'Artois, abrite le plus grand cimetière militaire de la Grande Guerre. Ce ne peut être un signe de fierté, avec 10 millions de morts, mais de respect, de témoignage silencieux, important pour les futures générations... À Vimy, entre Lens et Arras, s'élève un mémorial érigé à la mémoire des 65 655 soldats canadiens tombés en France pendant la Grande Guerre. Deux tours Art déco en pierre blanche symbolisent la France et le Canada, un soldat mourant tend la flamme de l'espoir, une femme inclinée pleure ses enfants, et dans le jardin commémoratif donné au Canada un arbre fut planté pour chaque Canadien mort ou disparu.

QUAND LA PEINTURE ÉTAIT DU NORD

N'oublions pas que nous partageons avec nos voisins belges la fierté d'avoir eu ces merveilleux peintres flamands dits « primitifs flamands », car ils étaient les premiers du genre ! Ils désignaient les grands peintres des anciens Pays-Bas méridionaux et dont l'essor fut lié à l'influence des ducs de Bourgogne. Nous en faisions partie !

Ils furent les premiers à concevoir des tableaux transportables et à perfectionner la peinture à l'huile. Nos Pays-Bas méridionaux étaient réputés pour les arts et les artistes. Ainsi, au XVe siècle, grâce à la maîtrise de la perspective, à celle de la lumière, à la somptuosité des couleurs, et au développement de la peinture à l'huile, trois peintres sont considérés comme les « fondateurs » du renouveau de la peinture flamande et donc de l'art de la Renaissance.

Le grand Jan Van Eyck, Campin et Van Der Weyden. Viendront ensuite, et non des moindres, Memling, Van Dyck, Bosch, le « créateur du fantastique », et Bruegel l'Ancien, Rubens l'audacieux... Nous étions encore du même pays : l'Espagne, cette fois.

Jehan Bellegambe, célèbre peintre de la Renaissance flamande, surnommé le Maître des couleurs, est né et mort à Douai.

Monnoyer, Elias, Boilly, de Pujol, Carolus-Duran, Weerts, de Winter, Tattegrain et les autres... Tous ont laissé des œuvres originales que l'on peut admirer dans les musées. L'école d'Arras rassemblait des peintres comme Dutilleux, Cuvelier, Desavary, en recherche de nouveaux procédés. Corot se rapprocha d'eux et réalisa ainsi son premier « cliché-verre ». Ces artistes véhiculèrent leur art dans toute l'Europe. Ils nous ont laissé de formidables témoignages... Et lorsque nous admirons ces ancêtres dans leurs métiers, ces dentellières, les travaux des champs, lorsque nous pénétrons dans ces anciens estaminets ou intérieurs, nous nous sentons chez nous, gens du Nord.

DU PEINTRE DE LA FÊTE GALANTE AU FAUVE DU NORD

Comme les Bruegel, de Pieter le Vieux – le plus connu et le plus prolifique – à Pieter d'Enfer, de Jan de Velours à Jan le Jeune, les Watteau sont une famille.

Le « peintre des fêtes », Jean Antoine Watteau, naquit à Valenciennes en 1684. Cet homme de talent était si modeste qu'il trouvait que ses œuvres étaient payées trop cher. Qui lui ressemble aujourd'hui ?

Indépendant, libertin d'esprit, mais de mœurs très sages, il voltigeait de sujet en sujet. Ses peintures étaient aussi spirituelles que du Marivaux, et l'on peut ressentir en les contemplant les frémissements de la lumière, de l'eau, la brillance des tissus et les plis des costumes. Représentant du mouvement rococo, familier de la commedia dell'arte, second prix de Rome, il fut membre de l'Académie royale, qui inventera pour lui le genre de la « fête galante ». *Le Pèlerinage à Cythère* et *L'Enseigne de Gersaint* sont deux des chefs-d'œuvre de ce grand artiste solitaire et de tempérament délicat.

Les « Watteau de Lille » sont le neveu d'Antoine, Louis Watteau, et son fils François, né à Valenciennes.

Les œuvres de Louis lui vaudront d'être le peintre le plus en vue de la capitale flamande, et son rôle sera déterminant dans la création du futur musée lillois des Beaux-Arts. Son fils François peut être considéré comme l'un des meilleurs dessinateurs du XVIIIe siècle.

« Ma mère avait un visage aux traits généreux qui portait la distinction profonde des Flandres françaises », écrivit Matisse.

Henri Matisse naquit le 31 décembre 1869 au Cateau. Oubliant le droit pour la peinture, il quittera le Nord pour suivre les cours aux Beaux-Arts, dans l'atelier de Gustave Moreau. Ses voyages et le Sud l'inspirent, ses couleurs font scandale et, en 1905, un critique compare cette explosion de couleurs à une « cage aux fauves ». Né au bord de l'Escaut, s'est-il souvenu du jaune du blé et du colza ? Dans sa période de doute en 1902-1903, c'est le Nord qu'il choisira à nouveau. Matisse repose à Nice depuis 1954, et fut mondialement connu de son vivant. C'est pourtant sa région natale qu'il choisit d'honorer en y créant son propre musée ; il y fit don de ses créations.

Le musée Matisse est visité par le monde entier. Il estima d'ailleurs que le vitrail *Les Abeilles*, prévu pour Vence, serait mieux à la lumière du Nord. Les cent soixante-dix œuvres de l'artiste côtoient dans l'ancien palais des Archevêques, restauré et agrandi d'une partie contemporaine, les œuvres d'Herbin, de Léger, Picasso ou Chagall.

Un autre cas singulier est celui de Jean-Baptiste Wicar. Ce peintre de la fin du XVIIIe siècle fut collectionneur, à tel point qu'il profitait de la dispersion d'œuvres lors de bouleversements politiques, et fut de ce fait controversé. Bien qu'installé à Rome, c'est à sa ville natale, Lille, qu'il léguera, lui aussi, son impressionnante collection de dessins d'artistes, ainsi qu'un atelier qui, selon ses souhaits, demeure aujourd'hui une résidence d'artistes originaires de la communauté urbaine de Lille.

Mais on ne peut qu'en oublier, malheureusement, de ces artistes dont le Nord peut être fier... Je citerai alors ces peintres, injustement tombés dans l'oubli aujourd'hui.

Fondateur, bienfaiteur et distingué par les princes, Nicolas Joseph Ruyssen racheta un ancien ermitage au sommet du mont des Cats, et fit appel aux moines trappistes en 1826.

Témoin de la vie joyeuse des estaminets et sociétés, le Roubaisien Rémy Cogghe – dont on peut admirer plusieurs œuvres à La Piscine – nous fait pénétrer au cœur de la vie quotidienne avec l'espiègle *Madame reçoit*, ses carnavals et ses « jeux », comme son fameux *Combat de coqs*.

Jules Breton, né à Courrières en 1827, fut très célèbre à son époque, et son nom évoquait aussitôt le monde bucolique de la campagne. Cet autre, né à Hesdin : Henri Le Fauconnier. Il fit partie lui aussi de l'avant-garde artistique – fauvisme, expressionnisme –, et... Chagall fut son élève. Tout simplement.

LA PLAGE DES PEINTRES : BERCK-SUR-MER

« Je pars demain.

— Où faut-il vous écrire ?

— À Berck, au large. J'y suis toujours. »
Ludovic-Napoléon Lepic

On les appelle les peintres de la Côte d'Opale.

Vers 1860, accessible par chemin de fer, la côte attire une colonie d'artistes de différentes nationalités. Ils suivent l'exemple d'Édouard Manet ou d'Eugène Boudin, séduits par sa luminosité, par l'atmosphère iodée. On comptera plus de cent peintres qui, sur leur chevalet, peindront les plages immenses, les pêcheurs, les scènes de la vie.

Ils créeront une école du naturalisme marin qui recevra, au début du XXe siècle, de nombreuses distinctions.

Un musée leur est dédié aujourd'hui.

NOS CRÉATEURS DE LUMIÈRE

Des générations de maîtres verriers ont, avec humilité, œuvré sur les vitraux de nos magnifiques églises ou cathédrales, sur les demeures princières ou les maisons de bourgeois dans les villes du Nord. La profession de peintre sur verre avait ses privilèges et son prestige. À Bruges, au Moyen Âge, la guilde de Saint-Luc comptait quatre-vingts verriers, maîtres, compagnons et apprentis. Nobles ou dignitaires ecclésiastiques finançaient leur travail, exigeant en contrepartie que l'on mentionne leurs noms et qualités, parfois même ils apparaissaient sur un vitrail, comme c'était le cas en peinture. La quête d'immortalité n'est pas d'aujourd'hui. En revanche, les verriers travaillaient dans l'ombre pour « mettre de la couleur à la lumière », mais avec la fierté d'accomplir un métier exceptionnel. Ces verriers pour lesquels les heures de la journée, les saisons, sont importantes, ces artistes qui aiment les cieux et lumières du Nord, qui créent des « ombres colorées » et cherchent cette « folle ascension vers la lumière », comme nous dit avec passion le maître verrier Luc-Benoît Brouard. Aujourd'hui, dans la région, des familles de verriers perpétuent cet art, comme les Brouard à

Ronchin, dont le père travaillait avec Chagall, famille qui restaura les vingt et un vitraux relatant la bataille de Bouvines au sein de l'église, ou encore ceux de la nouvelle chapelle des Marins à Boulogne. Ils viennent d'œuvrer sur le plus important chantier de création de vitraux d'Europe occidentale de la décennie : les trente-huit verrières de l'église Saint-Martin de Saint-Amand. De plus en plus de femmes travaillent dans cet art, aujourd'hui.

Un lieu unique en Europe est dédié au verre : le musée-atelier du Verre de Sars-Poteries – laquelle, contrairement à ce que son nom suppose, est une ancienne ville verrière – se situe dans un superbe château. Cette bâtisse du XIXe siècle des patrons de verreries, un peu à l'étroit, se prolonge de nouveaux bâtiments couvrant toutes les techniques du verre et dédiés à la création contemporaine. C'est un lieu de résidence pour tous les grands artistes.

Et la région possède le géant mondial de la verrerie : la cristallerie d'Arques, créée en 1825, fut d'abord une verrerie à bouteilles. La VCA (verrerie-cristallerie d'Arques) lance les verres opale, décorés ; elle crée des marques mondialement connues comme Arcopal ou Arcoflam. Jacques Durand est considéré comme le Henry Ford de la verrerie. En 1999, elle est la première firme mondiale de fabrication de verres de table et de cristal, tout en préservant le savoir-faire des maîtres verriers. En 2000, elle devient ARC international. Toujours installée à Arques, elle possède des filiales dans le monde entier.

UN BOUILLONNEMENT CRÉATIF

Les scènes nordistes sont trop nombreuses pour les citer toutes, mais, très innovantes, elles n'ont plus rien à envier aux scènes parisiennes. Le Nord ne manque pas de souffle !

LA VILLA MÉDICIS HIGH-TECH

Situé depuis 1997 au centre de l'agglomération de Lille-Roubaix-Tourcoing, à moins de deux heures de quatre capitales européennes (Paris, Bruxelles, Londres et Amsterdam), le Studio national des arts contemporains du Fresnoy est un pôle d'excellence d'envergure internationale, en matière d'expositions, de spectacles, mais aussi de formation artistique, audiovisuelle et multimédia de haut niveau. De jeunes artistes viennent du monde entier pour suivre le cursus du Fresnoy. Sa collaboration est sollicitée par les plus prestigieuses institutions de création contemporaine : la villa Médicis à Rome, le ZKM à Karlsruhe, l'Ircam, le Centre Pompidou, ou le Centquatre-Paris, qui accueille des artistes issus du Fresnoy en résidence et diffuse leurs œuvres dans le monde.

LA RECONVERSION DE L'AUTRE 9-9 BIS : LE MÉTAPHONE®

Non, ce n'est pas un quai de gare pour Harry Potter, mais le Métaphone®. Ce bâtiment contemporain d'acier et de verre, dans lequel se reflètent la salle des Pendus et un terril, s'impose en plein site de la fosse 9-9 bis de Oignies. Il est garant de la survie de l'histoire du bassin minier auquel il rend hommage. C'est une salle de spectacle unique au monde. Un système musical révolutionnaire, qui transforme des plaques vibrantes en gigantesque instrument de musique. La salle est modulable.

LES MAISONS FOLIE

Ce sont des lieux culturels pluridisciplinaires nés à l'occasion de Lille 2004 – Capitale européenne de la culture. Ces petites Folie de Wazemmes, Moulins, ou encore Roubaix sont nichées au cœur de quartiers populaires, installées dans d'anciennes brasseries ou filatures. Des artistes y créent, y exposent, y proposent des ateliers, y invitent à des concerts, à des vernissages conviviaux, à longueur d'année. Ces maisons Folie encouragent les cultures populaires et les créations, provoquent des rencontres, des croisements productifs. Une culture en constante innovation !

DE SACRÉS HÉRITAGES : LES MINES ET LE TEXTILE

La région fut le premier producteur de charbon en France. Lorsque les derniers mineurs sont remontés, en dépit de toutes les souffrances, ils pleuraient. Sept générations y ont vécu. Dira-t-on assez le courage du pays minier ?

De la lingerie délicate en fine batiste aux dentelles et draperies, l'image du Nord est inséparable du textile. Ma grand-mère fut brodeuse. Est-ce la raison pour laquelle j'aime me plonger dans ces métiers ? N'est-ce pas plutôt devenu, « au fil du temps », un aspect « génétique » des gens du Nord ?

DE L'OR NOIR AU PATRIMOINE DE L'UNESCO

La légende veut qu'en 1660 un paysan d'Hardinghen ait découvert du charbon dans son champ. Son exploitation aurait été quelque peu anarchique.

Ce qui n'est pas une légende, c'est que le Boulonnais et le bassin d'Hardinghen furent, sinon exploités, du moins explorés dès le début du XVIIe siècle. Mais la grande découverte se fera ailleurs, en 1720, à Fresnes.

En 1740 aura lieu l'ouverture de la fosse d'Anzin au charbon de belle qualité. L'acte fondateur de la Compagnie des mines d'Anzin, située sur les terres du prince de Croÿ, est signé au château de l'Hermitage à Condé-sur-l'Escaut, pour le grand bonheur du prince, dont la richesse venait de s'accroître singulièrement !

Dès les années 1850, l'essor du bassin minier est gigantesque, et plus de 12 000 « gueules noires » descendent chaque matin dans les fosses. La Société des mines de Lens devient la première société charbonnière de France. La population grandit tellement que des cités sont construites auprès des puits : des corons du XIXe siècle aux cités modernes des années 1960, en passant par les cités pavillonnaires, les cités-jardins, cet habitat de chaux ou de brique est loin d'être « identique », et les écoles, églises et commerces montrent, certes, l'esprit paternaliste des compagnies, mais aussi qu'elles n'étaient pas des cités-dortoirs.

En 1906, la catastrophe de Courrières, avec 1 101 victimes, est restée dans les mémoires. L'auteure Marie-Paul Armand l'avait évoquée dans *La Poussière des corons*. Des mineurs allemands prêtèrent main-forte à leurs camarades français. Après les guerres, la reconstruction entraînera la nationalisation des houillères. Les chocs pétroliers accélèrent la fin du charbon. Alors que, de 1954 à 1974, peu à peu certains gisements sont devenus moins rentables, la fermeture du dernier puits de mine sera celle de la fosse 9 et 9 bis de Oignies, le 21 décembre 1990.

« Vous rêvez ! Des mines à l'Unesco ? », a-t-on entendu, avec des pointes d'ironie dans la voix.

C'était méconnaître l'esprit d'initiative et surtout la ténacité des gens du Nord, et celle, en particulier, de Jean-François Caron, maire de Loos-en-Gohelle, qui s'est battu des années comme un lion… Elles sont classées à l'Unesco depuis 2012, et c'est un beau motif de fierté pour ceux qui y ont œuvré, ainsi que pour tous les habitants.

Un patrimoine industriel était plus difficile à valoriser qu'un patrimoine culturel, historique ou naturel, et pourtant, ils y sont parvenus !

RESPECT !

Avec son roman *Germinal* situé dans le milieu des mineurs, Émile Zola a eu le mérite de faire vivre ce monde méconnu, et si le portrait met en exergue la dureté du travail et des conditions de vie, prenant pour cadre la grève d'Anzin en 1884, il met aussi en valeur le courage de ces hommes et femmes... Car s'il y a une raison d'être fier en pays minier, c'est bien celle-ci : le courage de ces hommes qui, s'ils n'habitaient pas dans les corons, parcouraient des kilomètres à pied avant l'aube pour rejoindre les mines, de ces étrangers venus de Belgique, de Pologne, d'Italie ou d'ailleurs, le courage de toutes ces « gueules noires » à propos desquelles Aragon écrivait : « Le noir domine. Il est entré dans les yeux, sous les ongles, aux interstices de la peau, il imprègne les poumons. »

N'oublions pas ces femmes, qui, lorsque elles-mêmes n'étaient pas employées au triage, les attendaient toujours avec anxiété, mais savaient leur distiller du courage pour affronter le quotidien. Chaque matin, ils descendaient dans le ventre de la terre, en défiant l'éboulement, l'inondation ou le coup de grisou, ce gaz redoutable. C'est davantage la silicose, les bronchites chroniques, un corps usé prématurément par les conditions pénibles qui auront raison d'eux. Mais ceux qui sont là n'hésitent pas à témoigner. Beaucoup d'entre eux sont devenus guides dans les sites ouverts au public. Et lorsqu'on les a quittés, on ne peut penser qu'une chose : Respect, les mineurs !

« Dans le pays des mines, chacun se sent un peu mineur », écrivait le poète Bernard Desmaretz.

Alors que le bassin minier avait payé un très lourd tribut à la Première Guerre mondiale, qu'il fallut recourir à l'immigration dans les années 1930, la seule grande grève française sous l'Occupation fut provoquée par 100 000 « gueules noires ». Sous l'impulsion du parti communiste, les mineurs osèrent s'opposer aux Allemands… Respect !

Malheureusement, la répression fut terrible. On peut noter que c'est d'ailleurs un ancien mineur, Maurice Thorez, qui deviendra secrétaire national du parti communiste à la Libération.

L'écharpe de la solidarité : le Nord peut être fier d'avoir obtenu la reconnaissance pour le pays minier, mais le geste le plus touchant et le plus beau est peut-être la mobilisation simple et naturelle des habitants qui ont montré en 2010 leur engagement : il s'agit de l'écharpe géante qui fut déployée sur le terril de Loos-en-Gohelle.

Longue de 375 m, l'écharpe confectionnée par le collectif Loos Ch'tricote fut portée par quelque quatre cents personnes.

Un travail de petites fourmis bénévoles, caractérisé par la confection de près de 50 000 m^2 de laines multicolores de 10 cm. Soit au final 75 couvertures de 5 m sur 1,30 m reliées par une chaîne humaine qui enrubanna les sentiers du terril. Un travail dans l'enthousiasme, dans cet esprit de fête et de solidarité…

Là aussi : Respect !

DE NOUVEAUX MONTS VERDOYANTS

Que ceux qui ne connaissent pas la région se rassurent : il n'y a plus de « pays noir ». Les monts de poussières de charbon, de schiste, de grès et de cailloux – les terrils – verdoient. Ils sont, pour certains – ceux de Loos-en-Gohelle, par exemple –, les plus hauts terrils d'Europe.

La nature a tellement bien repris ses droits, sans les agressions de l'homme, que les arbres sont en abondance au pied du terril. En montant, on rencontre des vergers : pommiers, poiriers, menthe. Dessus, en dépit d'une chaleur intense l'été – avec le schiste, les terrils se donnent parfois des petits airs de volcans –, des plantes incongrues en ces terres, appelées « pionnières », prolifèrent : des plantes étrangères à la région, originaires d'Afrique, de Nouvelle-Zélande et d'autres comme l'oseille, originaire des montagnes ; le rumex à feuille d'écusson, dont la graine a certainement voyagé dans l'écorce des sapins utilisés pour les galeries ; le pavot, qui existe surtout dans les dunes de sable ; le millepertuis, des mûriers, l'onagre. Toute cette flore voisine avec des lapins, des papillons, des lézards des murailles, des oiseaux migrateurs qui y font halte, et ces jolies libellules qui, ailleurs, ont souvent disparu.

C'est devenu une véritable réserve naturelle, un bonheur pour les herboristes, les écologues et pour tout amoureux de la nature. Des arbres, aux plantes du versant « méditerranéen », plus haut ; des allures de sommet alpin sans la froideur. Côté nord, les manteaux de mousse, les fraises des bois, les bouleaux et nous voilà en pleine taïga. La balade est très belle. On croise parfois des cyclistes intrépides. Des cerfs-volants apparaissent dans le ciel. Tout en haut, la région s'offre à perte de vue, et pour le 14 Juillet, la Chaîne des Terrils organise un feu d'artifice.

Vers Arenberg, ce sont d'étonnantes promenades à cheval qui convient les cavaliers à la découverte du paysage et de l'histoire des mines du Valenciennois.

Quant aux cités minières, beaucoup d'entre elles sont rénovées et pimpantes avec leurs volets de couleur.

Ajouterai-je que si, de l'autoroute A26 qui mène de Calais-Dunkerque à Arras, vous apercevez une piste de ski sur un terril… Eh bien, non, ce n'est pas un mirage !

LE PLUS GRAND MUSÉE DE LA MINE

Plusieurs musées, parcours de galeries, estaminets du mineur, maisons de mineur reconstituées sont proposés dans le Nord-Pas-de-Calais, ainsi à Wallers-Arenberg, Anzin, Condé…

Depuis 1984, le Centre historique minier de Lewarde est le plus vaste musée de la mine en France, ainsi qu'un éminent centre d'archives et de documentation. Le site est exceptionnel.

« Il faut être descendu dans une mine pour comprendre ce qu'était la vie des mineurs », dit-on.

Eh bien, c'est à présent possible, et le « voyage » est fascinant. Le visiteur grimpe dans le train minier, prend l'ascenseur et plonge dans les entrailles de la terre, pour visiter de manière saisissante les galeries reconstituées, avec sons, mannequins au masque noir de charbon. Ils sont guidés par d'anciens mineurs. Ces héros de l'ombre racontent leur vie dans ce monde souterrain, l'esprit de grande camaraderie qui y régnait, partagent des souvenirs personnels, et transmettent une vraie émotion.

DES FILS DE LA VIERGE À... HOLLYWOOD !

« Mon père disait : "C'est le vent du Nord qui fait que nos belles ont le cheveu fragile de nos dentelles." » (Jacques Brel, extrait de « Mon père disait »)

Cette dentelle est magique, car l'ouvrage seul engendre un tissu qui n'existerait pas sans le travail. Dans le Nord, la dentelle au fuseau trouva son origine dans la passementerie qui mettait en œuvre des fils de lin, d'or et d'argent entrecroisés sur de longs coussins au moyen d'épingles. Jusqu'au XVIIe siècle, le terme « passement » désignera encore toutes les dentelles au fuseau. Charles Quint en ordonna l'enseignement dans les couvents – comme à Arras, dont la dentelle fut très réputée sous Louis XV. À Lille, on faisait une dentelle à fil de lin continu et à fond clair. Valenciennes fut réputée pour sa dentelle de luxe dès le XVe siècle. Y fut créée la première école dentellière en 1646. D'autres villes de Flandre simplifiaient la « Valenciennes » pour en faire une dentelle plus accessible. Le milieu du XIXe siècle vit à Dainville, près d'Arras, l'apogée de la dentelle. À cette époque, Bailleul compta 3 000 dentellières et... dix écoles de dentellières !

Aujourd'hui, ces écoles reviennent.

Dans des caves humides – pour le fil –, les jeunes dentellières œuvraient de l'aube au crépuscule, le carreau posé sur leurs genoux ou sur un chevalet de bois. La récompense en était la fierté du travail bien fait. On entendait le cliquetis des fuseaux de bois qui s'entrecroisaient avec dextérité grâce à la danse des petits doigts agiles, faisant surgir du néant des entrelacs de dentelle délicatement ouvragés. Des milliers de manchettes, de fraises, de coiffes, d'éventails, étaient exécutés pour la noblesse ou la bourgeoisie. La patronne des dentellières est sainte Anne ; leur fête, celle du Broquelet (du nom du petit fuseau de la dentellière), était l'occasion de grandes réjouissances avec défilé et char décoré.

Sous Louis XIV, Colbert créa les Manufactures royales de dentelle, où l'on arrangea les points de Flandre au goût français pour en faire des points de France.

Des coiffes incroyables au bord rigide disposé en éventail et appelées « soleil » datent de Louis XIV – tiens donc ! – et de la duchesse de Berry, laquelle encouragea les dentellières à les fabriquer. Elles devinrent la coiffe des matelotes de Boulogne et des Calaisiennes du quartier maritime. Symbole de pureté chez les marins, le « soleil » se portait en toute occasion religieuse, et aujourd'hui encore, on peut les admirer à l'Assomption, le 15 août.

Au début du XIXe siècle, les ouvriers tullistes anglais introduisirent en fraude à Calais des métiers à tisser supérieurs, difficiles à manier. Mais le système du Français Jacquard, adapté d'un métier conçu en 1814 par l'Anglais Leaver et qui reproduit le mouvement des fuseaux, fait exploser la dentelle mécanique. De l'artisanat, on est passé à l'industrie.

Séduite par la finesse de la dentelle de Calais, l'impératrice Eugénie contribua à son succès. Depuis deux siècles, le quartier Saint-Pierre à Calais est l'une des capitales françaises de la mode.

Le label « Dentelle de Calais » représente aujourd'hui 70 % du parc mondial.

La CIDM, ou Cité internationale de la dentelle et de la mode, à Calais, n'a rien d'un musée nostalgique. Installée dans une usine de dentelle en brique, elle est prolongée par un édifice spectaculaire et futuriste, afin de lier la mémoire et la modernité. L'histoire des ateliers y est retracée, avec machines en fonctionnement, dentelles d'hier et d'aujourd'hui, et collections de mode et de design qui remportent un succès fou. La Cité est, comme tous les nouveaux musées, un lieu de vie avec ateliers, défilés de mode, restaurant, boutique et auditorium. De quoi en sortir totalement séduit d'autant que, comme pour les mines, la dentelle y est racontée par ceux qui la créent : les dentelliers ! Un bac pro dentelle, unique en France, y forme depuis 2001 une vingtaine de jeunes par an.

Caudry, elle, est labellisée « Ville et Métiers d'art » depuis 1995. Elle est ainsi devenue la « cité de la dentelle ». Cinquante-cinq métiers Leavers demeurent en activité. Née de l'industrie des tulles, dentelles et broderies mécaniques, Caudry est plus que jamais liée à la dentelle : boutiques, concepteurs de motifs, musée... Plus de 1 000 personnes y travaillent, et une grande partie du travail s'effectue à la main, ou sur ces monstres d'époque, comme le metteur en carte qui dessine et imagine les modèles, la bobineuse, le tulliste, le coloriste, la raccommodeuse... Caudry accueille des étudiants stylistes du monde entier et les expose régulièrement.

La ville s'est spécialisée dans la haute couture – Ungaro, Dior, Lacroix, Gaultier, etc., travaillent en partenariat avec les dentelliers –, tandis que Calais a choisi la lingerie. Mais le label « Dentelle de Calais » s'applique à celle fabriquée sur une machine Leavers, à Calais comme à Caudry.

Quatre des nombreux fabricants de Caudry se sont regroupés sous le nom de Solstiss et exportent dans le monde entier.

La société dispose d'un showroom sur la 7e Avenue à New York, où Marc Jacobs, Ralph Lauren et de nombreuses stars viennent chercher leurs robes de soirée, de cocktail ou de mariage ! En 2011, elle a décroché le label « Entreprise du patrimoine vivant », qui distingue le savoir-faire traditionnel et industriel de l'entreprise cent pour cent française.

Solstiss, qui avait contribué à orner la robe de mariée de Kate Middleton, fut l'unique fournisseur de la nouvelle version filmée de *Gatsby le Magnifique*, tirée du roman de Francis Scott Fitzgerald étudié en classe aux États-Unis. Les dentelles nordistes ont créé 1 400 m de dentelles, enrichies de fil doré, de perles et de plumes pour les besoins de la superproduction australo-américaine comportant neuf scènes de bal. Elles ne sont pas qu'accessoires, elles dévoilent l'exubérance des années folles. Et comme jadis les dentellières étaient récompensées en sachant que leurs œuvres seraient portées par de belles dames, à Caudry, les dentelliers peuvent être heureux et fiers lorsqu'ils voient une de leurs robes dans le film *Twilight*, une autre sur la James Bond girl de *Skyfall*, leur dentelle sur une robe de la duchesse de Windsor et sur l'une de celles que porte Carey Mulligan dans *Gatsby*.

L'ÂGE D'OR DE LA DRAPERIE AU XVE SIÈCLE

Le somptueux drapé rouge de *La Madone avec l'Enfant* de Van Eyck nous donne un aperçu de ce qu'était la draperie en ces siècles. Depuis le Moyen Âge, le textile est installé à Lille-Roubaix-Tourcoing et dans les campagnes environnantes. En Artois et en Flandre, on ne compte plus les tisserands.

Tourcoing obtint en 1360 une charte garantissant la qualité de ses draps, et de ce fait exporta dans toute l'Europe. Charles le Téméraire accorda une charte, en 1469, au seigneur Pierre de Roubaix ; un tableau relatant ce fait se trouve aujourd'hui dans l'hôtel de ville. Elle offrait des droits et privilèges pour créer de nouveaux ateliers de draperie et tapisserie, et lui permettre de concurrencer Bruges et Gand.

Lille n'accepta pas cette charte. Il s'ensuivit trois siècles de conflits et de contentieux, mais la production de Roubaix s'en trouva stimulée. Lille prend sa revanche en 1482, en obtenant le monopole de la sayette, les tisserands du plat pays ne pouvant plus fabriquer que la bourgette (mélange de lin, chanvre, soie) ; mais c'est mal connaître le Flamand que de penser qu'il va se résigner. Dès lors, bourgeteurs et sayetteurs se font une petite guerre – souvent familiale. On fabrique ainsi ces petits draps de « sayetterie » pour les vêtements de travail tandis que les riches arborent des draps de qualité.

Importante ville drapière, Hondschoote était promise à un destin brillant. Brûlée pour ses idées hérétiques, la rebelle se releva pourtant.

La Manufacture des Flandres ou musée du Jacquard, à Roubaix, inauguré en 2001 dans un atelier des établissements Craye, témoigne de ces temps glorieux. On peut y trouver des métiers à tisser, des tapisseries exécutées par cet atelier, comme celle intitulée *Le Seigneur Jean de Roubaix, chevalier de la Toison d'or.*

DES FRESQUES SANS PAREIL, ET LA CAPITALE DE LA TAPISSERIE

Les tapisseries flamandes, du Moyen Âge à la Renaissance, furent les joyaux de l'art mural. Cet engouement pour les tentures est venu avec les croisés, qui rapportèrent des tapis d'Orient. Sous les ducs de Bourgogne, des tisserands, concurrencés par les Anglais, se reconvertissent dans l'art mural. Les pièces des châteaux s'agrandissent et se parent de fresques flamandes.

Arras, résidence préférée des comtes de Flandre, fait partie, dès le XIIIe siècle, de la hanse des dix-sept villes drapantes, et devient la « capitale de la tapisserie » au XIVe siècle. Sa production prend un grand essor avec les ducs de Bourgogne. Jean sans Peur doit sa libération aux joyaux d'Arras et à un talentueux négociateur, qui offrit des tapisseries aux Turcs. Le nom d'Arras devint célèbre : le terme général et européen pour toute tapisserie de haute lisse n'est autre que : « arazzi ».

L'ÉTOFFE DES SEIGNEURS

L'hôtel de ville de Roubaix fut construit en 1911 par Victor Laloux, l'architecte de la gare d'Orsay à Paris. La frise de sa façade est ornée de bas-reliefs qui rappellent l'industrie florissante de la région, première production de France : le textile. Deuxième âge d'or : 1815-1914, du début de l'industrialisation à la guerre. Roubaix-Tourcoing devient capitale française du textile.

La première machine à vapeur est introduite à la manufacture de Saint-André, en 1818. En 1825, un industriel fonde à Fourmies le premier établissement lainier comprenant peignage à la main et filature au moyen d'une mule-jenny. L'industrialisation au XIXe siècle va modifier le visage du textile et de la région. Les entreprises s'implantent toujours plus nombreuses. Vers 1845, on compte 300 000 broches (tiges recevant la bobine) à Lille, 100 000 à Roubaix. Les usines deviennent gigantesques. Les filatures pullulent. Roubaix et Tourcoing se spécialisent dans la laine. Lille et Armentières, dans le coton. Des dynasties se créent, appartenant au patronat textile. Vers 1880, les étrangers, essentiellement les Belges, pourvoient au manque de main-d'œuvre et changent, en doublant la population, le visage des zones frontalières ; c'est l'époque de ces seigneurs du textile, ces grands patrons aux noms bien connus du Nord, autour de la métropole et dans l'Avesnois : les Motte, Mulliez, Lepoutre, Prouvost, Pollet, Vrau, Mazurel, entre autres ! En 1913, la quasi-totalité des filatures de lin françaises, les trois quarts des broches à filer la laine se situent dans le Nord. Ces familles bourgeoises et catholiques, nombreuses et soudées, sont totalement vouées à leurs entreprises. « Le secret, disait Eugène Motte, c'est d'avoir toujours l'oreille collée contre le cœur de l'usine » ; ils justifiaient le profit comme récompense du travail, mais consacraient une partie des bénéfices à des activités charitables. Jean Prouvost, issu d'une des plus prestigieuses dynasties textiles du Nord, fonde La Lainière de Roubaix, les Laines du Pingouin ; il deviendra ensuite très connu comme patron de presse. La Lainière de Roubaix a fait travailler des générations entières d'ouvriers, un peu comme dans les mines. À son apogée, dans les années 1950, La Lainière est l'usine modèle visitée par tous les chefs d'État, la reine d'Angleterre comprise.

RÉHABILITATION ET RELÈVE !

Durant les Trente Glorieuses, de 1945 à 1972, l'industrie textile nordiste a réussi à s'adapter, à se moderniser, à se diversifier.

Bien avant Internet, dès 1932, le Nord devient la capitale de la vente par correspondance. Issues d'entreprises textiles, les enseignes de VPC font de Roubaix-Tourcoing le premier centre de distribution de produits textiles en Europe, avec notamment La Redoute, ancienne filature qui en devint le leader.

Damart, Trois Suisses, Decathlon, Kiabi, Phildar, Pingouin, Auchan, Saint-Maclou, Descamps, Pimkie, Promod, Camaïeu font partie de ces groupes à l'origine nordiste, comme Mulliez...

De jeunes et nouveaux créateurs, de talentueux stylistes font aujourd'hui honneur à la grande tradition du textile. Ils ont investi le Vieux-Lille et les « boulevards de la mode » ; ainsi de Maisons de Mode, avec ses deux adresses : rue du Faubourg-des-Postes, à Lille, et près de La Piscine, à Roubaix.

C'est aussi le cas des boutiques-ateliers, où de « jeunes pousses » créent dans des box, avant de venir exposer leurs créations sur le devant de la scène... en vitrine.

Le Ceti (Centre européen des textiles innovants), situé à Tourcoing, rassemble des chercheurs de haut niveau, et Roubaix possède à présent la plus grande école de textile : l'École nationale supérieure des arts et industries textiles (Ensait), ainsi que l'Esaat, École supérieure des arts appliqués et textiles... Du design « sous toutes les coutures » !

Le talent des Tissages de la Lys lui vaut d'être partenaire exclusif de la fondation Picasso pour décliner ses œuvres sur tapisseries.

Il y a un fil bien connu, mais, oh ! il s'appelle Fil au Chinois... Eh bien, il est Nordiste, et fabriqué par les établissements Vrau à Lille. Et savez-vous que le fameux petit crocodile Lacoste est fait de ce fil ?

Si l'ouverture des frontières a créé des délocalisations, la créativité en matière de mode alliée au savoir-faire textile fait que l'on n'a pas fini d'entendre parler du textile du Nord !

UNE SACRÉE HISTOIRE !

Mais alors, me direz-vous, avec ces atouts, avec ces productions uniques, comment la région a-t-elle pu être méconnue ?

Elle ne le fut pas de tout temps, et fut, au contraire, très convoitée. L'histoire de ce carrefour des civilisations est un feuilleton à rebondissements, fait d'invasions, de résistances, de changements d'identité. Il faudra attendre le traité d'Utrecht, en 1713, pour régler les frontières actuelles.

« C'est parce que les Pays-Bas du Sud étaient riches que Louis XIV les annexa. C'est sans doute pour les mêmes raisons que l'Allemagne les occupa à deux reprises. » (Emmanuel Le Roy Ladurie.)

LE NORD ÉTAIT DONC CELTIQUE ?

On peut être surpris de constater qu'avant l'installation dans le Nord des Saxons et des Francs, Jules César s'était déjà heurté à des tribus du Nord, considérées par ce dernier comme très vaillantes et appelées « Belges ». Ces Belges étaient des Celtes, comme les Morins, ou Nerviens. Bavay et Cassel étaient des centres druidiques importants. Dolmens et menhirs se sont dressés le long des chaussées Brunehaut, près d'Avesnes, ou à Lécluse, entre autres, et de nombreuses croyances celtiques ont demeuré... Étonnant, non ?

Mais il ne faut négliger aucune des influences, aussi bien orientales qu'occidentales, qui ont fait de cette terre un carrefour de civilisations. Il est curieux de constater que la région du Nord – ainsi que la Picardie actuelle, et jusqu'à Reims – fut appelée « Gaule belgique » par le grand empereur romain. Notre « Belgique » appartiendra ensuite aux Francs et aux Saxons, deux peuples d'origine germanique qui y laisseront une empreinte indélébile. Si Clovis, en 496, donna le feu vert de la christianisation du Nord, au VIIe siècle, des moines irlandais y diffusaient encore un christianisme mêlé de celtisme, et les Francs eurent fort à faire face à la résistance de l'« empire saxon » du nord de la Gaule, allié au peuple maritime des Frisons.

C'est cet « espace ethnoculturel saxon-frison », décrit par Éric Vanneufville, qui ouvrira les routes maritimes et fera de la Hanse la plus riche et vaste association commerciale des mers nordiques. Nos ancêtres, à nous autres, gens du nord de la France, furent celtes, francs, saxons, frisons et vikings, plutôt que gaulois !

Après Charlemagne, ce seront d'autres invasions : celles des Vikings qui descendront de la Scandinavie « surpeuplée » – oui, cela peut paraître étrange ! Ces « Normands » vont s'attaquer à nos abbayes. Il deviendra urgent de se défendre, de s'abriter, de construire des forteresses contre les attaques des Vikings, et c'est ainsi que l'on verra la création du comté de Flandre.

VOIES MILLÉNAIRES ET SITES ARCHÉOLOGIQUES

Des chaussées longues, droites et entretenues relient les villes principales du Nord. Ce sont ces fameuses voies romaines que l'on emprunte par exemple autour de Cassel, et qui, au temps des Romains, servaient à acheminer le sel ; ou celles que l'on nomme les « sept chaussées Brunehaut » autour de Bavay, selon les légendes inventées par les hommes du Moyen Âge pour essayer de comprendre l'origine de ces routes qui filaient si droit vers l'horizon. Dans la région, près de 2 000 km de ces voies antiques sont visibles autour de Cassel, Bavay, Arras, Cambrai, Thérouanne ; et ces routes, fréquentées depuis des lustres, ont vu défiler des légions, des voyageurs puis des armées. Elles furent les autoroutes de l'Antiquité : les voies étaient bombées pour éviter la stagnation des eaux de pluie ; elles étaient doublées de chemins réservés aux piétons et aux cavaliers. Au bord, des bornes milliaires étaient les ancêtres de nos panneaux routiers. Elles sont si solides qu'elles restent essentielles, de nos jours, au trafic routier.

Remontons très loin : Plus de 300 millions d'années avant Jésus-Christ, le marbre se forma dans le Boulonnais ; et le charbon, dans ce qui allait devenir le bassin houiller. Ce qui ne date pas d'hier non plus, c'est l'homme de Biache-Saint-Vaast, dans le Pas-de-Calais : 200 000 ans avant Jésus-Christ ! Fait rare : ses restes ont été identifiés comme étant antérieurs à l'homme de Neandertal.

Des trésors de la présence gallo-romaine à Bavay ont été mis au jour : rues dallées, thermes, basilique, vases, bronzes... C'est un site d'exception, avec le plus grand forum de la Gaule ; sa basilique est également l'une des plus vastes de l'Occident romain !

Ces vestiges, témoins de la présence des Nerviens, sont les ruines les plus importantes du nord de la France.

VIVE LES BOURGEOIS DE CALAIS !

Dès sa création, le comté est très convoité par le royaume de France, auquel il est bien apparenté. Notons la fameuse bataille de Courtrai, dite « des Éperons d'or » (1302), revanche de Bouvines (1214) : Les chevaliers français de Philippe le Bel n'ont que mépris pour la piétaille adverse. Les Flamands réagissent en creusant des fossés dans lesquels tombent les

Français et leurs lourdes charges. C'était aussi méconnaître la dextérité des arbalétriers flamands...

Toutes ces batailles seront avant tout des querelles familiales, entre parents de haute lignée. Déjà des histoires de succession et de jalousies fratricides !

Et la région sera un enjeu de taille dans la première guerre moderne, qui toucha les souverains de France et d'Angleterre, et non plus les seigneurs : cette guerre de Cent Ans, amoncellement de batailles entrecoupées de trêves et de périodes de paix. Elle reste, malgré tout, une histoire de « famille ». Le comté sera tiraillé d'un point de vue politique entre la France et l'Angleterre avec laquelle il commerce allégrement, car il dépend de la laine anglaise pour la draperie.

En pleine guerre de Cent Ans, on peut noter le courage extraordinaire de six bourgeois de Calais, Eustache de Saint-Pierre et ses compagnons, qui proposèrent de se sacrifier pour que les habitants soient épargnés par les Anglais.

Ils se présentèrent à Édouard III, en chemise, corde au cou, avec les clés de la ville et du château. La reine d'Angleterre, Philippa de Hainaut – quand même ! –, très touchée par leur vaillance et leur dévouement, obtint leur grâce.

Ils sauvèrent ainsi la ville de la destruction et de massacres, et seront, bien plus tard, immortalisés par Rodin.

L'ÉPOQUE FASTE DE LA TOISON D'OR

À la fin du XIVe siècle, par le mariage de Philippe le Hardi, duc de Bourgogne, et de Marguerite, fille du comte de Flandre, le comté entre dans les terres de Bourgogne. Et c'est une grande découverte pour les Bourguignons, qui vont passer plus de temps en Flandre qu'en Bourgogne, vont agir en mécènes et favoriser les arts du Nord, au point que si Dijon reste une capitale de cœur, Lille devient la vraie capitale du duché. Philippe III, dit le Bon, y réunit par deux fois les chevaliers de la Toison d'or, y construisit le somptueux palais

Rihour, y célébra les noces de son fils Charles le Téméraire ainsi que le fameux Banquet du faisan. L'épouse de Philippe et mère de Charles, Isabelle du Portugal, finira d'ailleurs ses jours à Aire-sur-la-Lys.

Un parchemin, aux Archives départementales du Nord, comporte pas moins de deux cents sceaux de villes et hauts dignitaires auxquels Philippe le Bon accorda des privilèges !

Les commanderies du Temple avaient été très présentes dans le Nord, en Flandre comme dans le Hainaut-Cambrésis.

On connaît le coup de massue qui leur fut infligé par Philippe le Bel (emprisonnement, torture, bûcher en 1307). Mais la Flandre ne faisait pas encore partie du royaume de France, si bien que le comte suivit très mollement les ordres de Philippe le Bel, et les chevaliers eurent le temps de disparaître. Une majorité passa dans l'ordre de l'Hôpital ou ordre de Malte (ordre de Saint-Jean de Jérusalem), d'autres chez les Chevaliers teutoniques en Rhénanie...

« Le nord de la France resta, par ailleurs, longtemps pour la chevalerie, une terre privilégiée et un intarissable réservoir d'hommes », nous dit l'historien Bernard Coussée.

Mais, au XIVe siècle, avec la guerre de Cent Ans, la chevalerie s'était égarée.

L'ordre de la Toison d'or est créé en janvier 1430 à Bruges par le duc de Bourgogne et comte de Flandre Philippe le Bon à l'occasion de son mariage avec Isabelle de Portugal. Il s'agissait pour Philippe de jeter les bases d'une nouvelle chevalerie, fidèle à la foi catholique, de lui redonner le blason et le panache disparus...

La Toison d'or sera le symbole de la dynastie des grands ducs d'Occident. Les vingt-cinq chevaliers reçoivent le fameux collier, et prêtent serment. Le duc s'engage à ne pas entreprendre de guerre sans les avoir consultés. C'est aussi un moyen intelligent d'associer l'élite de la noblesse au gouvernement, et de la lier à son pouvoir. Parmi eux, certains s'intéressaient à l'alchimie et à l'astrologie, comme Philippe de Montmorency, seigneur de Croisilles et chambellan du duc de Bourgogne. On compte aussi Jean de Roubaix et Baudouin de Lannoy, gouverneur de Lille. Le 29 novembre 1431, veille de la fête du saint patron de la Toison d'or, saint André, se réunit à Lille le premier chapitre de l'Ordre, qui fixa les statuts. De vingt-quatre – l'un avait été déjà exclu de l'Ordre pour avoir fui lors d'une bataille –, on passa rapidement à plus de trente chevaliers. Philippe le Bon s'inspira du mythe grec de Jason parti quérir la fameuse toison chez les Argonautes, ainsi que du mythe de Gédéon, le héros biblique, qui fit de la toison un signe de Dieu. Cet insigne est ainsi constitué par un collier en or serti de pierres à feu. La dépouille du bélier, en or, est suspendue au collier. Lors des chapitres, les chevaliers portaient un superbe costume pourpre bordé de broderies en or. L'ordre accrut son prestige avec le faste de ses cérémonies. Lors de l'élection de nouveaux membres, la conduite de ces derniers était examinée. Peu à peu, la sévérité disparut, l'Ordre s'assouplit. Maximilien d'Autriche devint le chef de la Toison d'or par son mariage avec la fille de Charles le Téméraire. Charles Quint en fit la plus haute récompense de son empire... L'Ordre existe toujours aujourd'hui, et comporte deux branches : autrichienne et espagnole.

Après la prise de Constantinople, Philippe le Bon promit de partir en croisade. À Lille, le 17 février 1454, sa cour brillante, les chevaliers et notables de la cité furent conviés à des festivités gargantuesques nommées Banquet du faisan. Hormis le faisan, orné de pierres précieuses, on servit d'immenses pâtés desquels jaillissaient des musiciens... Les convives n'en oublièrent pas pour autant de prononcer le Vœu du faisan – qui ne fut jamais tenu, Philippe le Bon ayant dû renoncer à son projet. Mais le Banquet, lui, resta dans les annales !

QUAND LE NORD ÉTAIT UN EMPIRE

Marie de Bourgogne, fille de Charles le Téméraire, épouse Maximilien d'Autriche. La Flandre, l'Artois, le Hainaut quittent les Bourguignons-Valois pour les Habsbourg. Un nouveau mariage, et la Maison des Habsbourg appartient cette fois à l'Espagne au moment où Charles Quint devient empereur. Le souverain de « l'empire sur lequel le soleil ne se couche jamais » est né à Gand en l'an 1500 et sera élevé en Flandre. On dit qu'il fut l'empereur aux trois mille lits !

En juin 1520, pendant un mois de fêtes et de jeux, se tint le Camp du Drap d'or, qui tient son nom de la tente de drap au fil d'or où il se déroula, entre Guînes – ville alors anglaise – et Ardres – française. Cette rencontre entre François Ier et Henri VIII devait être une alliance contre Charles Quint. François Ier eut le tort d'humilier par trop de faste Henri VIII, qui repartit vexé. Il rencontra l'empereur Charles Quint à Gravelines, et tous deux conclurent une alliance anglo-espagnole. La paix tient vraiment à un fil...

UN HÉRITAGE TRÈS CONVOITÉ PAR LE ROI-SOLEIL !

Au milieu du XVIIe siècle, aux Pays-Bas, le bel ensemble des dix-sept provinces rassemblées par les ducs de Bourgogne s'est fissuré. Une nouvelle frontière est apparue : religieuse et idéologique. Les sept provinces du nord acquises au protestantisme se sont révoltées contre l'Espagne, créant la République des Provinces-Unies (Hollande). Les dix provinces du sud sont demeurées fidèles à l'Espagne et au catholicisme ; elles formeront les futurs nord de la France et Belgique. Ces Pays-Bas du Sud forment un bloc homogène menacé au nord par les Provinces-Unies calvinistes, et au sud par une France jugée trop envahissante. Ils se sentent libres, car le gouvernement espagnol est bien loin. Pouvoir discuter l'impôt, s'administrer en toute indépendance, en bref, être maître chez soi derrière ses remparts, voilà ce à quoi sont attachés les bourgeois flamands.

En 1663, Louis XIV épouse Marie-Thérèse d'Autriche infante d'Espagne. Or, d'après une coutume du Brabant qui appartient à l'Espagne, on hérite de la région par la mère. Ce n'est pas tombé dans l'oreille d'un sourd !

À la mort de Philippe IV d'Espagne, en 1667, Louis XIV se lance dans la guerre de Dévolution... Encore une histoire de succession ! Il envoie à Madrid un traité des Droits de la Reine et, le 24 mai, il entre en Flandre avec trois armées, soutenant qu'il ne vient pas faire la guerre à l'Espagne, mais prendre possession « pacifiquement » de l'héritage de sa femme ! Lille est cernée par 50 000 hommes. La garnison lilloise, composée de 35 000 hommes, résiste dix-sept jours et capitule le 28 août. Le roi fait en pompeux équipage les honneurs de la ville à la reine et à ses deux favorites, mesdames de La Vallière et Montespan. Le traité de paix d'Aix-la-Chapelle est signé le 2 mai 1668. Désormais, Lille est française, mais une grande partie du Plat Pays (nord de la France) restera encore espagnole pendant dix ans, c'est-à-dire jusqu'au traité de Nimègue.

Si l'on ne peut en tirer gloire, il est certain que notre région fut très convoitée.

LE VRAI D'ARTAGNAN ÉTAIT À LILLE !

Et le Nord peut s'enorgueillir d'avoir connu le vrai d'Artagnan, Charles de Batz. Il effectua ses premières armes devant Arras, parcourut longtemps toute la région des Flandres et de l'Artois, fut de presque tous les sièges du Nord. Il n'arrêta pas de chevaucher sur nos routes, combattant contre les Espagnols, ou remplissant des missions pour le compte de Mazarin.

Le capitaine lieutenant est en première ligne, à la tête de sa compagnie de mousquetaires, lors du siège de Lille par Louis XIV. Après les Espagnols, la guerre reprend, contre les Hollandais cette fois, et Louis XIV lui confie la charge de gouverneur de Lille. Consciencieux et faisant preuve de fermeté, il rentre parfois en conflit avec Vauban, gouverneur de la citadelle. Il a hâte de reprendre les combats ! Peut-être aurait-il dû rester à Lille, car moins d'un an plus tard, en 1673, il meurt à Maastricht, à la tête de ses hommes, d'une balle dans la gorge. Louis XIV a perdu l'un de ses amis, l'un de ses plus valeureux lieutenants, et les mousquetaires, leur chef bien-aimé.

Il est possible que son corps repose sous les terres d'Olhain, en Artois, où résidait sa famille, à l'emplacement de l'ancienne chapelle du château, au centre de l'actuelle cour du château d'Olhain. Le mystère demeure, il est digne du héros de Dumas...

UN PETIT MIRACLE DE NOËL

Il s'est passé à Frelinghien, dans la métropole lilloise.

Ce matin du 25 décembre 1914, à la surprise des deux camps, les canons se taisent. Entre les tranchées, les soldats des deux armées s'offrent des cigarettes, échangent des souvenirs, se passent des adresses, se montrent des photos de famille. Une chorale improvisée de chants de Noël en plusieurs langues s'élève – la messe de Noël est commune dans ce *no man's land* –, un buffet se dresse où seuls les lapins sont sacrifiés, on fait même une photo de groupe et... un match de football !

Le silence des armées sera officiel, mais le miracle a eu lieu. Cette belle histoire réelle de fraternisation au cœur des tranchées est sortie de l'oubli grâce au cinéma, avec le film *Joyeux Noël* de Christian Carion.

Nous avons tous un grand-père ou un ancêtre embarqué dans cette guerre. Ne nous trompons pas. Nos vieux poilus n'étaient pas des vieux. Un million et demi de jeunes Français y ont laissé leur vie. S'il n'y avait qu'une raison de crier « Vive l'Europe », n'est-ce pas à leur mémoire que nous le devrions ?

Le Nord a beaucoup souffert, mais, ainsi que nous l'avons vu pour ses villes, la région s'est toujours relevée après chaque invasion, chaque massacre, chaque guerre – après celle-là comme après la Seconde.

L'ESPRIT DE RÉSISTANCE

On sait aujourd'hui que plus de la moitié des sabotages réalisés par la Résistance eurent lieu dans la région du Nord-Pas-de-Calais. Grèves des mineurs, communistes engagés dans la résistance intérieure, socialistes tel Guy Mollet, prêtres, Polonais, humbles anonymes qui font évader des civils, qui coupent des câbles téléphoniques... Des actions se multiplient dans l'ombre.

Un journal clandestin et courageux voit aussi le jour en zone interdite : *La Voix du Nord*, créé en 1941 par Natalis Dumez, militant chrétien social, qui fut le secrétaire de l'abbé Lemire et le maire de Bailleul. En 1940, il organise un réseau d'évasion des soldats alliés, embryon du réseau « Voix du Nord », avec Jules Noutour, policier lillois socialiste, et un groupe d'hommes du Nord particulièrement téméraires. Ils appelleront très vite « à soutenir le général de Gaulle, et dénonceront la collaboration », ce qui vaudra à Jules Noutour d'être déporté et à Natalis Dumez d'être incarcéré, laissé pour mort puis libéré par les Alliés. À partir d'avril 1941, *La Voix du Nord*, organe de la résistance de la Flandre française, produira soixante-six numéros dans la clandestinité – avant de paraître librement à partir du 5 septembre 1944. On ne peut que tirer son chapeau !

LE NORD UNIVERSEL

Dès le Moyen Âge et la Renaissance, peintres, sculpteurs, bâtisseurs du Nord furent sollicités par les cours européennes. Les marchands drapiers circulaient de la Méditerranée à la Baltique. Combien de Nordistes ont attendu à Ellis Island leur visa, pour le Nouveau Monde... Des protestants du Nord se réfugièrent en Angleterre, à Canterbury, ou en Hollande... Ces ancêtres osèrent s'aventurer au loin. Les courants d'idées ont fleuri. Ils nous ont façonnés. Nous leur devons ce que nous sommes.

L'ÉPOPÉE DE NOS « ISLANDAIS »

Les pêcheurs boulonnais étaient appelés les terre-neuvas (non, vous n'êtes pas dans une série télévisée). Ils partaient de Boulogne, et de plusieurs autres ports français, vers Terre-Neuve pour la morue. Par extension, le nom de terre-neuvas fut également donné aux pêcheurs qui partaient en Islande.

Au XIVe siècle, Dunkerque est le premier port morutier de France. Au XVIIIe, les Dunkerquois seront les seuls Français, avec ceux de Gravelines et de Grand-Fort-Philippe, à pêcher vers l'« île de glace », l'Islande. À la veille de la Seconde Guerre mondiale, la pêche à la morue est encore une des principales activités des pêcheurs de Dunkerque, mais elle va décroître et disparaître. Les derniers bateaux vont partir en 1939.

On peut les admirer, nos « Islandais » ! Pour gagner le pain de la famille, ils partaient de février à septembre : plus de six mois à braver mille dangers, payés à la pièce.

Ces pêcheurs sont des descendants des Frisons, ces travailleurs de la mer qui, il y a si longtemps, sont venus de la Frise, ce chapelet de petites îles au nord de la Hollande. Ils ont hérité de leurs ancêtres la carrure et la force. N'en revenaient que les plus forts et les plus aguerris ; un quart d'entre eux disparaissait. Des tombes de marins dunkerquois morts en mer ou ayant été débarqués malades se trouvent dans les petits cimetières de la côte sud de l'Islande.

C'est la communauté des pêcheurs qui est à l'origine du carnaval de Dunkerque.

Au XVIIIe siècle, les armateurs offraient aux marins-pêcheurs un repas et une fête avant leur départ, ainsi que la moitié de leur solde. De cette fête est née la « Visscherbende » (bande des pêcheurs). Les hommes allaient s'embarquer pour les mers froides, ne resteraient sur la terre ferme que les femmes, les enfants, les vieillards.

On dit aussi que les hommes avaient déjà fait leur paquetage et que pour faire la fête, il ne leur restait qu'à emprunter les vêtements de leurs femmes ou de leurs mères. Au carnaval, les « ma-tantes » sont les hommes déguisés en femmes. Symboliquement, on a sans doute voulu montrer que la ville est aux mains des femmes.

AVANT MARCO POLO !

Un homme du Nord, Guillaume de Rubrouck, envoyé de Louis IX en Mongolie. Impressionnant, non ?

Située à Rubrouck, près de Cassel, une maison typiquement flamande recèle des choses étonnantes. Ce petit musée situé à côté de l'église Saint-Sylvestre est consacré à la mémoire de frère Guillaume de Rubrouck ainsi qu'aux relations entretenues par le village et la Mongolie, au travers du jumelage avec la ville de Bulgan. Traditions, culture et artisanat mongols y sont présentés à travers de nombreux documents, costumes, objets… Et ce que Guillaume allait y découvrir dès 1253.

Imaginez le XIIIe siècle et les conditions de voyage. Un périple de 16 000 km accomplis en bateau, puis en caravane, non de dromadaires mais de bœufs, puis à cheval, le tout en deux ans. Bien avant Marco Polo, ce jeune Nordiste devenu franciscain, né vers 1215, traversa l'Europe et l'Asie pour rencontrer le Grand Khan. Moine, par quel miracle fut-il envoyé si loin par Saint Louis ? Tout se serait joué en Terre sainte, à Acre, où il aurait accompagné le roi. Frère Guillaume voyagea pieds nus jusqu'à l'empire du redouté Gengis Khan, chez les Mongols. À cette époque, c'était une mission « en terre inconnue », voire en terre des démons, car peu avant, les Mongols d'Ögödei, fils de Gengis Khan, avaient fait trembler l'Occident, en écrasant tout sur leur passage.

« Le roi avait besoin d'émissaires et non d'ambassadeurs… Pas de négociation, juste de l'observation, et bien sûr, de l'évangélisation », nous dit Jean-Denis Clabaut (le Testament de Pierres).

Guillaume nota toutes ses observations, allant de l'aversion à l'admiration. À son retour, il écrivit le plus formidable récit d'aventures de l'époque. Un ouvrage précieux et rare.

Chaque année, des habitants de ces contrées lointaines viennent découvrir ce village de Flandre française, comme en pèlerinage.

DE SOLIMAN LE MAGNIFIQUE À LA TULIPOMANIA

Au XVIe siècle, un autre Nordiste, le jeune seigneur Augier de Bousbecque, sera envoyé par son père pour faire ses études à l'étranger. À Vienne, il est remarqué par Ferdinand Ier, frère de Charles Quint, qui l'envoie en qualité d'ambassadeur auprès de Soliman le Magnifique. Ce jeune homme de trente ans fera des merveilles puisqu'il obtiendra, en 1568, la signature de la paix avec celui qui fait trembler l'Europe.

Dans les jardins de Constantinople, Augier découvre la tulipe, inexistante en Occident, fleur secrète, car son commerce est interdit. Il s'émerveille. Elle vient en réalité de l'Himalaya, et a été importée en Turquie comme tribut des provinces soumises. Recevant des bulbes rares en guise de cadeau, il les offrira à son ami botaniste – également Nordiste et originaire d'Arras – Charles de L'Écluse, qui sera réputé surtout pour avoir fait connaître la pomme de terre, avant Parmentier. À Vienne, Charles cultivera les tulipes avant de partir vers la Hollande avec sa collection. En France, Louis XIV l'adopte, en fait la fleur officielle de la Cour. En Hollande, elle se négocie à prix d'or. Voilà tout simplement comment nos amis hollandais en firent « leur » fleur d'exception.

DE BOULOGNE À RAMSÈS II

Né à Boulogne en 1821, Auguste Mariette, professeur de dessin, mis en contact avec des documents provenant des fouilles de Champollion, découvrit sa passion pour l'Égypte ancienne et s'initia aux hiéroglyphes dans la galerie égyptienne du château-musée de Boulogne.

« Je suis entré dans l'Égypte par la momie du musée de Boulogne. » Il apprend le copte, passe du Louvre vers l'Égypte, découvre le *Serapeum*, nécropole des animaux sacrés, temple et monastère. L'égyptologue lillois reçoit le titre de bey, devient directeur général des fouilles au cours desquelles il découvre le fameux Sphinx, et des collections, aujourd'hui, au musée du Caire. Cet étonnant homme du Nord participe à l'écriture du livret d'*Aïda* de Verdi ! Il meurt en 1881. Son corps repose, chose rare, dans un précieux sarcophage à Boulaq, devant la statue de Ramsès II…

« L'INTERNATIONALE » EST NORDISTE !

Lorsque des dangers menaçaient les gens du Nord – guerres, catastrophes, vexations –, ils se sont toujours dressés, la tête haute.

Est-ce alors étonnant que le plus universel des chants de révolte, *L'Internationale*, soit nordiste ?

Il est chanté pour la première fois à Lille, en 1888, lors d'une fête organisée par la chambre syndicale des marchands de journaux, au cabaret À la liberté, siège d'une chorale : La Lyre des Travailleurs. S'y retrouvent régulièrement de futurs députés comme Gustave Delory, Henri Ghesquière, et les frères De Geyter, deux ouvriers de l'usine de Fives-Lille.

Un soir de juillet, Delory fait partager son enthousiasme pour un opuscule de chants révolutionnaires écrits par un poète communard, Eugène Pottier, de Lille, et surtout pour ce texte qui contient la fameuse phrase « C'est la lutte finale ! » Pierre De Geyter, prix de l'académie de musique de Lille, s'attelle à la musique et entonne, le 23 juillet, *L'Internationale*.

Eugène Pottier n'assistera pas au triomphe de ce chant. Il est décédé l'année précédente dans le plus grand dénuement, après avoir connu l'exil. De Geyter, lui, sera licencié de son usine.

Mais le chant deviendra l'hymne du prolétariat du monde entier, de la France à la Russie, jusqu'en 1944.

LE PLUS BEL HÔTEL DU MONDE À « BOND STREET BY THE SEA »

Que ce soit à Malo-les-Bains, à Hardelot ou à Wimereux, pour ne citer que ces trois stations balnéaires, la Côte d'Opale a toujours attiré nos voisins britanniques, en villégiature ou en garnison au moment de l'Entente cordiale.

De petites maisons ou de splendides villas, rescapées des démolitions des années 1960, au charme d'un autre siècle, se donnent des airs de grandes coquettes des années folles. En parcourant le front de mer de Wimereux, on ne peut qu'être séduit par l'architecture des villas, qui ne craignaient pas l'excentricité et le mélange des genres.

Et il se trouve une station balnéaire qui devint particulièrement prisée du monde entier, c'est Le Touquet-Paris-Plage.

Les cottages et enseignes aux noms anglais, le bal annuel de la British Legion, des sports comme le polo et le golf, et les Anglais eux-mêmes, si nombreux à cette époque de l'entre-deux-guerres, auréolée de la présence fréquente du prince de Galles, tout concourait à cette appellation de « Bond Street by the sea », beaucoup d'entre eux la considérant comme la propriété de la couronne britannique.

Lorsque Victor Hugo vanta dans sa correspondance le village d'Étaples, « sa colonie de pêcheurs installée dans un des plus gracieux petits golfes de la Manche », la station balnéaire n'existait pas encore.

« Avant peu, l'admirable forêt du Touquet sera le rendez-vous favori de nos baigneurs parisiens et j'aurai résolu d'une façon pratique le fameux problème : Paris-Plage. » (Hippolyte de Villemessant, fondateur et rédacteur en chef du *Figaro*, 1874.)

Son ami Jean-Baptiste Daloz, qui avait créé en 1855 cette forêt au milieu de garennes inhospitalières, lancera en 1882 le projet d'une station balnéaire nommée Paris-Plage, et un mécène extraordinaire, sir John Whitley, réalisera leurs rêves au début du XXe siècle. Il est à l'origine de l'essor du Touquet, comme il le sera aussi d'Hardelot. Ce promoteur, propriétaire du château d'Hardelot, était surnommé « l'enchanteur ». Il engagea Pierre de Coubertin comme directeur de la station. Il fit réaliser de remarquables installations telles que le golf, le tennis et l'hippodrome, créant ainsi un véritable « paradis des sports ». Il organisa de prestigieuses manifestations, et propulsa Paris-Plage vers une notoriété mondiale, surtout dans les années de l'entre-deux-guerres.

Le monde entier se pressait au Touquet-Paris-Plage, s'étourdissait dans l'éphémère et les plaisirs pour cacher l'angoisse de la fin d'un monde. En pleine extension, la belle station attirait le gotha mondial, des souverains britanniques aux maharajas et vedettes de l'époque, ainsi que nombre de Parisiens et de grandes familles lilloises, rejoignant la « perle de la Côte d'Opale » en bateau, en avion, en train ou en voiture.

« Il y a comme une politesse dans l'air de ce pays », écrivait Maurice Verne, dans *Les Échos mondains* de 1925.

La vie des vacanciers se résumait essentiellement au carrefour comprenant le Westminster, l'Hermitage, le tennis et le casino, ainsi qu'au Normandy, sur la terrasse de La Potinière, où des orchestres bavarois, tsiganes ou de jazz se relayaient. Des défilés de mode du grand Poiret, des concours de pyjamas, de plongeons, des feux d'artifice, se succédaient à la « plus belle piscine d'Europe » sur le front de mer. On y fêta le centenaire du costume de bain.

Tandis que la divine Suzanne Lenglen s'entraînait au tennis, on rencontrait nombre d'artistes comme Marlène Dietrich ou Maurice Ravel. Le golf donna l'élan à la station ; il permit l'installation du fameux casino et de grands hôtels *so british* comme le prestigieux Westminster, qui a gardé tout son charme Art déco, son atmosphère très cosy, et sa clientèle de personnalités françaises et étrangères. L'engouement du prince de Galles, l'éclosion des lignes aériennes, le petit aérodrome de Berck et la livre anglaise, très forte grâce à la chute du franc et au change avantageux, firent le reste.

Un bataillon composé essentiellement de petites filles d'Étaples trottinait sur les *links* – les terrains de golf. Les trois cents caddies ignoraient que leurs clients en culottes de golf, dont ils portaient les sacs aux quinze cannes, étaient ducs, ministres, gros industriels, milliardaires, colonels, ou même princes d'Orient.

Des envoyés spéciaux consacraient chaque jour des pages entières à la station et mentionnaient le nom des célébrités présentes. À Paris, l'affiche du caddy rouge, qui devint l'emblème du Touquet, était placardée sur tous les murs.

À l'hippodrome, les courses se succédaient. Elles valaient celles de Chantilly, d'Auteuil, ou de Maisons-Laffitte.

Un spectacle féerique eut lieu à l'hippodrome avec la venue du carrousel de spahis, sixième régiment basé à Compiègne. Sous la direction de leurs cavaliers, cent vingt-cinq chevaux exécutèrent des figures prodigieuses et une fantasia effrénée, croquant des scènes de la vie du désert.

Sur l'avenue des Vergers, qualifiée par *Les Échos mondains* de « quartier de la place Vendôme, aux bains de mer », un kiosque distribuait de l'eau de la source Valroy puisée près d'Étaples, recommandée pour ses vertus curatives, notamment pour les maladies du rein, les rhumatismes et la goutte.

La clientèle mondaine des grands hôtels, et ce que les cottages et manoirs comptaient de célébrités, de sultans, d'altesses khédiviales, de banquiers de la City, de grands propriétaires textiles, d'artistes telles les Dolly Sisters, parcouraient les galeries et salons du casino de la Forêt. Récoltant plus d'argent que les autres casinos français, il les avait détrônés et il n'était pas rare d'y rencontrer d'anciens joueurs de Deauville.

Avec le Bal de l'Or de l'été 1929, bal costumé du casino de la Forêt, on atteignit des sommets. L'or ruisselait sur les balustrades, les lustres et les guéridons, sur les soieries des revers masculins, et sur les étoffes féminines. Des poupées couleur or étaient offertes aux dames. Des louis d'or s'écoulaient des cornes d'abondance tenues par des déesses... dorées. Pas moins de cent vingt-trois hôtels accueillaient les estivants. Le « West » (Westminster) et l'Hermitage refusaient une foule d'estivants. À Pâques 1929, ils avaient refusé, à eux deux, plus de six cents chambres ! Il était donc temps de construire « *the most beautiful hotel in the world* » !

Durant l'été 1928, un panneau annonça l'ouverture d'un nouvel hôtel pour la saison 1929. Le premier coup de pioche fut donné le 20 novembre 1928. Un défi impensable.

Personne ne croyait à ce miracle. Il fut bâti en un hiver extrêmement rigoureux. Les gelées interrompirent les travaux durant un mois. Et pour couronner le tout, les bâtisseurs eurent droit à une grève de deux semaines.

Et pourtant, la grande attraction de l'année fut cette merveille, chef-d'œuvre de la Côte d'Opale, sortie de terre en sept mois, grâce aux efforts d'une armée de 1 200 travailleurs. Un édifice étrange mêlant le baroque de la Renaissance anglaise à un beffroi du Nord, aux tourelles élancées et lucarnes pittoresques, émergea au-dessus de la forêt, les neuf étages se voyaient de loin.

À l'unanimité, devant ce décor féerique et extravagant, les spectateurs criaient au prodige, les superlatifs pleuvaient : « démesuré, époustouflant, sublime, phénoménal ».

En dépit de son nom, il était l'œuvre des architectes Debrouwer et Drobecq ainsi que de la Compagnie exclusivement française des hôtels de luxe. Le Royal-Picardie était le nom du régiment de cavalerie du roi Louis XIV. Le Roi-Soleil fut donc le protecteur de l'hôtel, dont la devise était inscrite sous les armoiries : *Nec pluribus impar* (Ne peut être égalé).

Le fabuleux Royal Picardy du Touquet-Paris-Plage, décrit par les Anglais comme « *the most beautiful hotel in the world* », fut l'équivalent hôtelier dans la splendeur et pour le destin du *Titanic*. Il n'était pas d'endroit plus chic. On s'y pressait pour voir et, surtout, pour être vus ! Dès lors, il se qualifia sur ses écussons, ses étiquettes de « plus bel hôtel du monde »... Sans doute se croyait-il insubmersible, lui aussi...

On en parlait dans le *Times*, sur la Tamise, et jusqu'à la chambre des Lords ! : cent vingt salons et boudoirs, cinq cents chambres, de spacieuses terrasses et autant de salles de bains. En effet, les cinquante appartements de cinq à dix pièces possédaient le luxe d'une piscine. Le téléphone était établi partout. À l'intérieur du Royal Picardy, on découvrait une piscine de 25 m à eau traitée, stérilisée et ozonisée.

Une grande galerie transversale, vraie nef de cathédrale, bordée d'un côté par les comptoirs de réception, de la banque et du change, de l'autre par ceux de la conciergerie, des portiers, des voyages et du théâtre, des fourreurs ainsi que des joailliers... Deux rotondes situées aux ailes de la prodigieuse façade, l'une consacrée au restaurant, l'autre à un bar byzantin, encadraient le hall d'entrée. Aux murs, des fresques saisissantes représentaient l'histoire du régiment Royal Picardie de Louis XIV.

Une colonnade supportait le dôme ainsi qu'une superposition de six galeries aux balustrades ajourées donnant accès aux étages de l'hôtel.

Élite cosmopolite réunie dans un paquebot ne craignant ni les raz-de-marée ni les icebergs, ni même les incendies. Le Royal Picardy marqua l'apogée de Paris-Plage.

Quelques petites dates significatives... 12 août 1929 : ouverture du Royal Picardy, près des tennis et du casino ; faillite en 1931 ; pentecôte 1932 : réouverture. L'hôtel redevient prospère ; de 1933 à 1938, il refuse du monde... Septembre 1938 : crise de Munich, deux cents clients quittent le Royal Picardy le même jour ; mai 1940 : il devient le quartier général de la Wehrmacht. Hitler y étudie un plan d'invasion de l'Angleterre et le premier bombardement de la RAF. Ce quartier général est abandonné ; en juin 1944, dix-neuf bombes sont larguées pour simuler un débarquement des Alliés sur la Côte d'Opale ; 1949 : après la guerre, le mobilier revient et la secrétaire générale, Madame Mainardi, rouvre quatre-vingt-six chambres. Mais les avions s'envolent désormais vers le soleil du Midi ; 7 septembre 1951 : il ferme définitivement ses portes. Il est racheté par la Ville en 1966, avant d'être dynamité le 27 août 1968. Sur le terrain, on construit l'école hôtelière actuelle.

Des années de folies et d'extravagances se sont envolées avec la forteresse de contes de fées... Mais Le Touquet-Paris-Plage, tel encore le Phénix, a retrouvé ses airs de fête. C'est une station chaleureuse, sportive, culturelle, et toujours, le « royaume de l'élégance ».

Depuis le traité d'Utrecht, voici trois cents ans, la frontière franco-belge est toujours bien à la même place, même si, pour nous qui la traversons, elle n'est plus que « virtuelle ».

Nordistes de France et Belges, nous sommes restés très proches après tant de siècles en commun. Je les ai toujours considérés comme mes cousins. Mais nous sommes devenus bien français avec Louis XIV, et notre côté latin ressort. Différences, autre regard ? La frontière n'a jamais réussi à ôter nos traditions communes et vivaces, notre patrimoine religieux et drapier. Ils font partie d'un tronc commun qui ne disparaîtra pas et dont nous sommes aussi fiers de chaque côté de la frontière. Chacun garde ses spécificités, mais on continue de se partager le même sable, le même paysage.

S'il n'y a plus de poste frontière, l'École nationale des douanes est, elle, installée dans le Nord, à Tourcoing.

D'origine frontalière, nous avons beaucoup joué à « saute-frontière », en la franchissant allégrement tous les week-ends en famille, parfois en apprentis contrebandiers, notre chocolat belge bien calé sous nos pieds. En nous promenant à pied ou à vélo, entre Bray-Dunes en France et La Panne en Belgique, le long des trois kilomètres de sable frontalier.

Enfants d'après guerre, nous avons eu la chance de naître près d'une frontière hospitalière, pacifique et garante de diversités, et non un mur d'exclusion, la chance de côtoyer « l'autre ». De la chance… Pourquoi ce mot m'est-il venu spontanément ? Une chance, oui, car, très jeunes, nous avons ainsi côtoyé « l'autre côté », échangé avec « l'autre », si semblable et si différent. Si mystérieux. Une frontière indulgente marquant juste la délimitation d'un pays. Toutes les frontières ne sont pas aussi débonnaires.

« Pour ceux de ma génération, nous dit Michel Quint, la frontière a constitué une structure interne, un squelette mental qui tiendra jusqu'au bout de notre vie. »

Je me plais aussi à imaginer la petite Jacqueline, qui deviendra Line Renaud, passant la frontière à cinq ans avec son landau de poupée, et la repassant plus tard dans l'autre sens, l'air totalement innocent, le landau plein de patates belges...

Que dire de ces grands artistes qui traversent régulièrement la frontière pour conquérir Paris ? Ils ont bien conquis notre cœur, et je me souviens de fêtes de Saint-Nicolas où Raymond Devos – dont le père était tourquennois – et Ronny Coutteure se revendiquaient, avec leur humour inimitable, avant tout Nordistes ! Oui, ils sont nombreux, « nos » Belges de talents, d'Adamo à notre inoubliable Brel, bien sûr, de Maurice Maeterlinck à Michel de Ghelderode, de Benoît Poelvoorde à Cécile de France, d'Annie Cordy à Jean-Claude Drouot.

D'autres jeunes Belges, stylistes et artistes du spectacle vivant, possèdent une dérision, une originalité et une inventivité qu'on peut leur envier.

VIVE LA POLONIA !

Des Nordistes venus d'ailleurs : l'exemple des Polonais.

Après chacune des deux grandes guerres, les compagnies minières eurent besoin d'hommes. Ils viendront de l'autre côté de la frontière puis de toute l'Europe – des Italiens aux Tchécoslovaques – puis du Maghreb, pour offrir leurs bras. Respect, là aussi !

Dans les années 1920, les Polonais sont les plus nombreux. Ils sont restés très soudés grâce à leurs traditions, et si au début, quoi qu'on en pense, la mixité des communautés ne s'est pas établie facilement, s'il y eut des expulsions après la crise de 29, aujourd'hui, par la volonté de leurs parents de faire souche dans leur pays d'adoption, quantité de Nordistes bien français ont une origine et un patronyme polonais. Des enfants du Nord, fils d'émigrés polonais, sont devenus de grands champions sportifs français : Raymond

Kopa pour le football, Jean Stablinski et César Marcelak pour le cyclisme, et le grand athlète Michel Jazy. Et si tout le bassin minier a dansé au son de l'accordéon de Stéphane Kubiac, aujourd'hui, c'est son fils qui porte le folklore traditionnel polonais vers « une dimension planétaire ».

PREMIERS DE LA CLASSE !

Nous eûmes, au XIe siècle, notre Alain, non pas le philosophe, mais un Lillois, théologien : Alain de Lille, recteur de l'université de Paris, nommé le « directeur universel ». Quelques-uns de ses proverbes ont traversé le temps. Si je vous dis : « Après la pluie, le beau temps », n'est-ce pas une expression qui résume bien la mentalité du Nord ?

Et si l'on transformait son célèbre « Tous les chemins mènent à Rome » par « Tous les chemins mènent au Nord » ?...

LE PREMIER POÈME DE LA LITTÉRATURE FRANÇAISE !

Imaginez la plus belle bibliothèque du Nord-Pas-de-Calais, logée dans l'ancien collège des Jésuites de Valenciennes. Et que trouve-t-on en son sein ? *La Cantilène de sainte Eulalie.*

Il s'agit du plus ancien texte connu en langue française ou romane. Ce poème fut composé à l'abbaye de Saint-Amand peu après 878, à la gloire de sainte Eulalie, chrétienne du IVe siècle. Il fut découvert à Valenciennes en 1837. Il raconte l'histoire de la jeune fille de treize ans qui refusa de renier sa foi dans le Christ et de succomber au diable. Elle subit son martyre avec un courage exemplaire. Le texte s'achève sur l'image d'une prière et d'une colombe, qui sort de sa bouche lorsqu'elle expire.

PREMIÈRE REPRÉSENTATION THÉÂTRALE ET CHAMBRES DE RHÉTORIQUE

La première représentation profane sans latin, en langue vernaculaire, eut lieu à Arras, vers 1200 ; il s'agit de la pièce *Le Jeu de saint Nicolas*, du poète, auteur et jongleur Jean Bodel. À cette époque, Arras, « la belle muse », était terre d'élection des troubadours du XIIIe siècle. Elle était considérée comme le plus grand centre littéraire urbain de toute l'Europe, « ville aux quatre-vingts poètes », et de grands poètes et trouvères rayonnaient, tel Adam de la Halle. Ces textes lyriques dialogués qui faisaient participer deux trouvères ayant des avis différents et qui s'en remettaient à un arbitre restent une spécificité du nord de la France.

Il n'est guère étonnant que la région ait vu pulluler les chambres de rhétorique. Qu'était-ce ? Des sociétés littéraires créées dès le XIVe siècle en Artois et en Flandre. Presque chaque village possédait sa guilde poétique et montait des drames bibliques ou des farces chantées et dansées. Ces confréries culturelles avaient aussi une fonction de solidarité entre les membres d'une même corporation de métier, et elles furent, avant les associations sociales et ouvrières du Nord, des centres de contestation en s'opposant souvent au pouvoir en place ! Elles avaient leurs poètes, leur héraut chargé des invitations, leur valet qui préparait la table de fête, leur prince, et leur livrée. Les nouveaux venus juraient le secret et prêtaient serment sur le livre d'or, parfois sur une médaille reçue naguère de l'empereur Charles Quint en signe de haute protection. Après une prière à la Vierge, ils composaient chansons, vers et bons mots autour de franches « lippées ».

Aux XVIe et XVIIe siècles, un grand faste les caractérisait : des défilés avec bannières, chevaux, chars, trompettes et tambours attiraient la foule venue se réjouir à la kermesse ou au concours intervillage… de poésie ! Elles ont survécu à travers les orphéons et les revues locales – comme à Hazebrouck –, qui continuent d'égratigner gentiment les personnalités publiques.

La plupart étaient masculines. Quelques-unes étaient mixtes. Il y eut des guildes féminines, dont la reine était choisie par un jeu de l'oie.

ENLUMINEURS, PASSEURS DE MÉMOIRE ET PREMIÈRE UNIVERSITÉ DE TOUTE LA CHRÉTIENTÉ !

Parmi les enlumineurs du Moyen Âge, Odbert, abbé de Saint-Omer, fut reconnu comme l'un des plus importants vers l'an mille. L'art de l'enluminure reste lié aux moines, aux clercs attachés aux seigneurs ou formés dans les premières universités. De nombreux maîtres du Nord furent très renommés au XVe siècle : le Maître de Mansel, originaire d'Hesdin, ou le Maître de Guillebert de Mets, qui œuvra pour Philippe le Bon.

L'œuvre de Simon Marmion, né près d'Amiens et mort à Valenciennes, poursuit et conclut l'art des primitifs flamands. Son chef-d'œuvre est le retable commandé pour le maître-autel de l'abbaye de Saint-Bertin par son abbé, conseiller de Philippe le Bon. Il fut qualifié de « prince d'enluminure ».

La réputation des poètes valenciennois fut importante. Né à Valenciennes, Jean Froissart sera, au XIVe siècle, le grand chroniqueur de la guerre de Cent Ans. Secrétaire de Philippa de Hainaut, épouse du roi d'Angleterre, il se retire à la mort de la reine à Valenciennes, devient prêtre, voyage, écrit des pièces lyriques et courtoises. Ce sont ses *Chroniques de France, d'Angleterre et des païs voisins* qui vont le faire connaître dans les siècles à venir. Il n'analyse pas : il décrit, mais il deviendra néanmoins une des principales sources pour connaître le XIVe siècle.

Au XVe siècle : né en 1447 dans la région d'Hazebrouck, Philippe de Commynes entre d'abord au service des ducs de Bourgogne – Philippe le Bon est son parrain ! – puis à celui de Louis XI, qui lui attribuera de hautes fonctions diplomatiques. En disgrâce pour avoir pris le parti des princes plutôt que celui des Beaujeu, il est rappelé à la Cour et deviendra célèbre en écrivant ses *Mémoires*, en huit volumes, sur les règnes de Louis XI et Charles VIII. Fin analyste et critique, il sera, lui, plus historien que chroniqueur.

Témoin de son temps, sous Louis XIV : Pierre Ignace Chavatte, porte-parole du petit peuple lillois de Saint-Sauveur. La chronique rédigée sur son père et leur métier de sayetteur met admirablement en scène les artisans lillois, et leur regard sur leur monde.

Au XVIIIe siècle, le libraire et relieur de la petite place de Lille, François Casimir Pourchez, composa un album de soixante-six aquarelles pour témoigner, à sa manière, des fêtes de Lille pour la naissance du Dauphin, fils de Louis XV. Défilé du magistrat, sergents de ville en uniforme rouge, joueurs d'instruments, héraut avec la fleur de lys, prévôt en tenue civile, décorations exubérantes, un couvreur téméraire, monté sur la tour de Saint-Étienne, en train de poser le drapeau aux armes du Dauphin... Aucun détail pittoresque ne manque à ces croquis.

La première université de toute la chrétienté était à Douai !

Grâce à Philippe II, son « campus » est inauguré en 1562 ; on y enseigne la médecine, la théologie, le droit canon, les arts libéraux. Il attire des étudiants d'Angleterre, des Pays-Bas. Ils sont hébergés dans des résidences, des collèges. L'université sert d'exemple à toute la chrétienté.

Elle sera détrônée au XIXe siècle par Lille.

PREMIER ACADÉMICIEN ET PREMIÈRE ACADÉMICIENNE

Valentin Conrart, né en 1603 dans une famille calviniste de Valenciennes, conseiller de Louis XIII, crée un club d'auteurs : le cercle Conrart, qui séduit Richelieu et dont il s'inspire pour créer à son tour l'Académie française. Notre Valentin en devient le premier secrétaire perpétuel.

Quant à la première académicienne, vous l'avez deviné, il s'agit de notre Marguerite Yourcenar. Marguerite Cleenewerck de Crayencour, dite Yourcenar, fut la première femme élue à l'Académie française en 1980, engendrant, dit-on, une tempête sous la Coupole ! Par le passé, l'Académie avait refusé George Sand et Colette.

Née à Bruxelles en 1903, mais de famille paternelle du nord de la France, elle passe son enfance, de 1903 à 1912, entre la propriété familiale au château du Mont-Noir, près de Bailleul, et l'hôtel particulier de sa grand-mère paternelle à Lille. Elle termine sa vie à Mount Desert Island aux États-Unis, où elle meurt en 1987. Une enfance solitaire, une femme libre et cosmopolite. Les gestes affectueux lui viennent des domestiques, mais, « les yeux ouverts », c'est avec son père qu'elle fera l'expérience du monde, les musées, les découvertes de Paris, où « il y avait le commencement du grand rêve de l'histoire, c'est-à-dire le monde de tous les vivants du passé ». On lui doit *L'Œuvre au noir*, *Mémoires d'Hadrien* et, bien sûr, *Archives du Nord*, entre autres chefs-d'œuvre.

« Mes plus forts souvenirs sont ceux du Mont-Noir parce que j'ai appris là à aimer tout ce que j'aime encore », écrivit-elle. Elle confie à l'écrivain et poète belge Jozef Deleu : « La Flandre constitue l'émerveillement de ma vie, le pays des grandes émotions… »

PREMIER EN ALPHABET POUR UNE RÉGION D'ÉCRIVAINS

À la Révolution, un peu plus du tiers des Français savent signer. Un siècle plus tôt, un cinquième seulement... Mais la même et sérieuse enquête signale que, dans le Nord, deux hommes sur trois et une femme sur cinq savent signer. Elle montre une supériorité culturelle de la région, et au XVIIIe siècle, celle-ci présente le plus fort taux d'alphabétisation.

Allez donc vous étonner que le champion du monde d'orthographe, reçu à l'ONU, soit un homme du Nord : Bruno Dewaele, né à Hazebrouck, et que la région soit une terre d'écrivains !

On pense vite à Bernanos – *Sous le soleil de Satan* –, qui n'est pas né dans le Nord, mais passa son enfance entre Fressin et Aire-sur-la-Lys, dans le Pas-de-Calais.

Ces années vont beaucoup influencer ses écrits.

Mais il en est un que l'on connaît bien et... mal : Maxence Van der Meersch. Ce « Zola de l'entre-deux-guerres » à la longue silhouette, cet homme de conviction, qui dénonçait une réelle misère féminine avec la tendresse d'un grand frère, eut un immense succès populaire et... le Goncourt, en 1936, pour *L'Empreinte du dieu*. Avec *Corps et âmes*, ce fut le prix de l'Académie française, en 1943. *Maria, fille de Flandre*, *La Maison dans la dune*, le milieu de la contrebande, la prostitution... Il osa tout aborder et s'insurgea contre l'injustice sociale. Moderne, avec ses repérages de journaliste, ses fiches et des dessins joints à une documentation d'historien. Réaliste mais sensible, pudique mais audacieux. Un grand homme du Nord, qui dépeint la région avec le cœur et la décrit avec une plume trempée dans du Frans Hals ou du Jan Steen.

Quel est cet homme qui fit scandale, qui dut à maintes reprises s'exiler et qui laissera un *Manon Lescaut* mémorable ? : Un chrétien libertin, homme de passion, Antoine François Prévost, né à Hesdin le 1er avril 1697. Cultivé, éduqué au collège des Jésuites de la ville, il quittera sa ville à quinze ans, amoureux de la liberté. Défroqué de l'ordre des Bénédictins, l'abbé Prévost dut fuir la France, son supérieur ayant porté plainte contre lui. Une lettre de cachet courait à son endroit, alors que son propre père était procureur et conseiller du roi au bailliage d'Hesdin. Inutile de vous dire qu'il avait été radié de sa famille. Cet aventurier s'engagera dans l'armée, désertera, fuira une mésaventure amoureuse.

Cambrai peut s'enorgueillir d'avoir eu longtemps dans ses murs, et jusqu'à sa mort « François, archevêque-duc », c'est-à-dire Fénelon, dit aussi « le Cygne de Cambrai » pour son style.

Le jeune Rimbaud arpenta les rues de Douai et y écrivit le *Recueil de Douai*, dans lequel figure, entre autres chefs-d'œuvre, « Le dormeur du val ». Verlaine revenait souvent dans l'Artois et surtout à Arras : « au pays de ma mère est un sol plantureux, où l'homme, doux et fort, vit, prince de la plaine ». Sa mère qu'il aimait tant et dont la mort accélérera sa consommation de genièvre, et d'absinthe.

Lamartine, lui, fut le député de Bergues et, si vous y allez, vous verrez un géant, « L'électeur de Lamartine », à son image.

Il y eut nos irrésistibles poètes et humoristes : Jules Mousseron et son *Cafougnette*, texte que reprend aujourd'hui, avec talent, le comédien Jacques Bonnaffé ; notre Lillois si complet et trop oublié : le caricaturiste, peintre, dessinateur, journaliste, pionnier de la radio et de la TV et réalisateur Léopold Simons, que *Pays du Nord* décrit comme « le Daumier du Nord », « le Pagnol du Nord », « l'Orson Welles, le Fernand Botero du Nord » .

Charles Deulin, Albert Samain le symboliste lillois, Paul Hazard, Sainte-Beuve étaient du Nord-Pas-de-Calais. Emmanuel Looten, né à Bergues, glorifia la Flandre avec un lyrisme flamboyant.

Germaine Acremant fut la femme d'un best-seller : *Ces dames aux chapeaux verts*, en 1921, traduit en vingt langues, tiré à plus d'un million d'exemplaires, adapté au théâtre, avant de l'être au cinéma et à la télévision.

La talentueuse Violette Leduc fut longtemps et injustement méconnue. Sa « bâtardise » va la hanter toute sa vie. Audacieuse, totalement marginale et anticonformiste, elle sera sans cesse aux prises avec la censure de son éditeur.

Marceline Desbordes-Valmore naît à Douai en 1786. Après une enfance agitée, elle devient comédienne, puis se réalise dans une vie consacrée à la passion et à la poésie, tout en pleurant ses cinq enfants décédés. Elle s'inscrit dans le courant romantique, moderne dans sa liberté d'écrire, engagée politiquement pour ce que l'on appelle aujourd'hui les droits de l'homme. Sa ville reste un haut lieu de poésie, avec notamment le Cénacle de Douayeul et son Festi-Poésie.

N'oublions pas ces autres femmes poètes de talent que furent Andrée Brunin ou Chantal Lammertyn, née à Lincelle.

Et aujourd'hui ?

Un autre grand écrivain est notre ami Jacques Duquesne, à qui l'on doit l'inoubliable *Maria Vandamme* et tant d'autres chefs-d'œuvre d'humanité. Comme Van der Meersch, il a montré qu'un roman peut être un cri de vérité. Il est aussi un journaliste reporter qui n'a jamais craint de se battre pour la justice. L'historien Alain Decaux est né à Lille, l'écrivain Michel Quint à Leforest, Marie Desplechin à Roubaix. Impossible de les citer tous… La relève, là aussi, est assurée !

Dominant Saint-Jans-Cappel, se tient le parc départemental Marguerite-Yourcenar, sur le mont Noir où, enfant, elle passa ses dix premières années. Le conseil général du Nord y a créé en 1996 une résidence pour écrivains européens : la villa Marguerite-Yourcenar. Dans un site de toute beauté, les écrivains peuvent y puiser l'inspiration et lire les textes composés durant leur séjour.

Avec ses nombreuses librairies accueillantes et son village du livre, Esquelbecq, avec ses salons littéraires de plus en plus prisés, des collections et des maisons d'édition nordistes qui prennent leur envol, des jeunes de talent comme Franck Thilliez dans le domaine prisé du thriller, des revues magnifiques et très instructives telles que *Pays du Nord*, des portails littéraires comme « Eulalie », la région montre son attachement au livre, son désir de soutenir l'écrit sous toutes ses formes. De quoi garder confiance et être fier, non ?

LA PREMIÈRE LIBRAIRIE « MODERNE »

La culture est d'ailleurs au rendez-vous à Lille, dès les années 1950, avec la plus grande librairie d'Europe, vous voyez laquelle ?

Des piles sur la table, des étagères accessibles, des espaces de lecture, un éclairage et une mise en scène des livres, tout cela paraît très normal aujourd'hui. Et pourtant, en 1959, lorsque Paul Callens et son épouse Line transfèrent leur librairie de la rue de la Vieille-Comédie – elle était à la place d'un marchand de fourrures auquel elle a emprunté son nom – à la Grand-Place, tout ceci n'existait pas. Il fallait s'adresser au comptoir, le libraire montait sur une échelle pour vous fournir le livre demandé. Le Furet du Nord réussit à allier les atouts de la librairie à la culture de la grande distribution : première librairie en libre-service (et escalier roulant !) sans que le client perde l'aide de ses spécialistes, première pochothèque en France en 1963 et... première librairie sur Internet en 1996 avec 200 000 titres en ligne ! Le frère de Paul, Jean Callens, organise des rencontres avec des auteurs, et devient le « moteur » d'une intense action culturelle. Les enfants sont accueillis dans la « Fosse aux lions », il fait bon y « fureter » en toute liberté. La grande librairie perdure avec bonheur aujourd'hui et a essaimé dans différentes villes du Nord-Pas-de-Calais avant de s'installer aussi, ces dernières années, dans la région parisienne... « Il court, il court, le Furet... » !

LE JARDIN DE JOYEUSETÉ, PREMIER PARC D'ATTRACTIONS...

... au Moyen Âge, à Hesdin.

Ancien fief des comtes d'Artois et joyau des ducs de Bourgogne, dont elle faisait la fierté, siège d'un bailliage, la cité d'Hesdin, son château, ses remparts seront rayés de la carte par Charles Quint, qui regrettera son accès de jalousie. Le parc de Joyeuseté couvrait 940 ha.

Commencé par Robert II d'Artois à la fin du XIIIe siècle, entretenu par Mahaut d'Artois, restauré par Philippe le Hardi et, surtout, Philippe le Bon au XVe siècle, il possédait des collines boisées, des prés regorgeant d'oiseaux, des fontaines, et des jets d'eau. On y trouvait un vivier alimenté par la rivière, des vignes et arbres fruitiers, un petit pont, une chapelle de verre, un cadran solaire monumental, une gloriette, une volière, un jardin de roses entouré d'un mur avec tourelles. Jardin d'amour des romans courtois ? Oui, mais aussi premier parc d'attractions et de farces !

Des machines hydrauliques animaient des automates. Un pavillon sur roues, orientable, permettait des soupers agrestes agrémentés de musique. Dans le château même, Philippe le Bon fit aménager une galerie de joyeusetés par son ingénieur en chef, Colart le Voleur.

En entrant, les visiteurs étaient accueillis par un ermite de bois qui parlait. Un valet était certainement caché à sa base pour faire la voix. Ils passaient sur un pont qui cédait sous leurs pas. La salle de bal fut transformée en un parcours de farces : les visiteurs se voyaient dans un miroir déformant, ils étaient arrosés d'eau, noircis de charbon, ou couverts de farine. Les dames étaient mouillées « par-dessous » par des projections d'eau qui se déclenchaient sous leurs pas...

Ce lieu de prestige et « d'esbattement » était célèbre dans toute l'Europe. Des fêtes splendides y furent données. Les splendeurs de la cour de Bourgogne brillaient à Hesdin.

Le vieil Hesdin n'est plus, mais la région possède de nombreux parcs d'attractions. Et n'oublions pas que le premier parc naturel régional créé en France le fut dans la plaine de la Scarpe et de l'Escaut, et que la première réserve naturelle au nord de Paris fut la dune Marchand, entre Bray-Dunes et Zuydcoote !

THE BEST ÉCOLE DE JOURNALISME !

L'ESJ-Lille (École supérieure de journalisme) fut classée en 2013 meilleure école de journalisme de France. Ses soixante étudiants sont sélectionnés sur concours, certes, mais il n'y a pas de barrière d'âge, et des bourses aident les jeunes en difficulté financière. Son accord avec Sciences Po permet de délivrer un double diplôme : celui de l'ESJ et de l'IEP (Institut d'études politiques) de Lille (grade de master). Deux ans de formation des quatre médias : radio, TV, presse écrite, web. Une télépréparation, de nombreuses activités internationales, une nouvelle filiale post-bac, une classe préparatoire « égalité des chances » gratuite, avec un tuteur qui épaule l'étudiant, et, si le concours est réussi, cinq étudiants sont exempts de frais de scolarité. Ajouterais-je qu'ils ont à leur disposition un équipement informatique de premier ordre, un vrai studio de radio et... le plus grand centre de documentation de presse après Paris ?

PREMIÈRE VICTOIRE SUR LE DÉTROIT ET PREMIER SCOOP CINÉMATOGRAPHIQUE

L'aviation était encore très jeune – le premier vol de Clément Ader n'avait pas vingt ans – lorsque le Nordiste Louis Blériot, né rue Sadi-Carnot à Cambrai en 1872, décolla le 25 juillet 1909, à bord de son Blériot VI.

Après trente-deux échecs en deux ans qui lui ont valu le surnom de « roi de la casse », et, un mois auparavant, une brûlure au pied droit lors d'un premier exploit au dessus de Douai, cet homme du Nord ne s'avouait pas vaincu !

Il atteignit l'Angleterre après trente-huit minutes de vol avec une moyenne de 75 km/h... Dévié de sa trajectoire par la brume et un vent terrible, il fit, non loin du château de Douvres, un atterrissage épique – châssis et hélice brisés –, mais il fut le premier aviateur à avoir touché la terre de la belle Albion en avion.

Les Londoniens l'accueillirent triomphalement, Le *Daily Mail* lui remit une somme qui le dédommagea de toutes ses dépenses, tout en posant cette question : « L'Angleterre auraitelle perdu son immense privilège d'être une île ? » *No comment* !

Cet événement de la Belle Époque fut filmé par Georges Mercier, propriétaire à Calais du café La Brasserie Universelle et qui proposait également des séances de cinéma. Toutes les occasions étaient bonnes pour Mercier d'alimenter son programme de vues. Le 25 juillet 1909, un voisin l'alerte : Louis Blériot va s'élancer à la conquête de la Manche. Mercier est donc présent pour l'envol et, lorsque le succès de l'entreprise de Blériot est confirmé, les vues de Mercier deviennent le premier scoop cinématographique régional. La caméra de Mercier est toujours visible au musée Blériot de sa ville natale, Cambrai.

DE LA TOUR EIFFEL AU BEFFROI DE LILLE !

Il paraît loin le temps où, inventé par Claude Chappe, le télégraphe eut sa première ligne entre Paris et Lille, qui fut inaugurée en 1794. Dès lors, les messages passèrent de trois jours de cheval à une heure grâce à ce génial système.

En avril 1950, un an après la création de la RTF (radiodiffusion-télévision française), Lille est la première ville de province équipée d'une station émettrice. Et devinez où sont placés le studio et l'émetteur ? Au sommet du beffroi de l'hôtel de ville !

Pas moins de 251 marches pour les pionniers de la télévision qui inventent des émissions dans la joie et une géniale improvisation.

Les émissions étaient reçues en Belgique, un programme en flamand fut créé. Pour nous, enfants des années 1950, le drapeau s'élevant au son du « Carnaval romain » de Berlioz reste à jamais gravé dans nos esprits... Au début de la décennie n'existaient que les émissions de la tour Eiffel et celles du beffroi. La région était la mieux équipée en postes émetteurs après Paris.

Lille aura assez vite les émissions nationales tout en gardant des émissions spécifiques, régionales, et lors du couronnement d'Elizabeth II le 2 juin 1953, retransmis par la RTF, le beffroi de Lille sera le centre nodal du réseau et permettra sa retransmission en Belgique, Allemagne et Danemark. Lille, la première pour « l'Eurovision » !

UNE PROUESSE TECHNIQUE, UNIQUE EN EUROPE : L'ASCENSEUR À PÉNICHES !

L'ascenseur hydraulique des Fontinettes à Arques, près de Saint-Omer, fut construit en 1887 sur l'ancien canal de Neufossé. Il permettait aux péniches de franchir la dénivellation de 17 m, en vingt minutes et par la seule force de l'eau, entre les bassins de la Lys et de l'Aa, dans des espèces de baignoires suspendues fonctionnant comme les plateaux d'une balance. Il ne fut fermé qu'en 1967.

De nos jours, il reste une curiosité unique en France.

PREMIÈRES BOUTEILLES D'HUILE ET PREMIERS PETITS POTS DE YAOURT !

Les bouteilles d'huile furent lancées en 1908 par Georges Lesieur, à Coudekerque, près de Dunkerque.

La guerre arrêtera la production, située en « zone interdite ». Ils ouvriront des usines en Afrique, devenant ainsi le premier huilier à s'implanter outre-mer.

Le groupe Lesieur sera également le premier à vendre ses huiles dans des bouteilles en plastique. Racheté par un groupe italien, il reste le numéro 1 français sur le marché des huiles de table.

Et les petits-suisses Stenval ? Cela vous dit quelque chose ? Ils furent les premiers présentés en godet hermétique. Les produits laitiers de Steenvoorde, en Flandre française, furent précurseurs dans le domaine du yaourt : promoteur du petit pot en carton et premier fabricant français de fromages du type « hollandais ». Ses laboratoires, soucieux de la qualité et de la santé, travaillaient en collaboration avec l'Institut Pasteur. Il fut le premier à préconiser l'inscription de limite de validité !

PREMIERS JALONS DE LA MICROBIOLOGIE MODERNE ET PRIX NOBEL

Casimir Davaine (1812-1882), le précurseur de l'ère bactériologique était de Saint-Amand. Il démontra que les bactéridies (particules microscopiques aussi appelées « bacilles du charbon ») transmettaient des maladies. Ce chercheur fut à l'avant-garde de découvertes ultérieures.

Les premiers jalons de la microbiologie furent posés à Lille, avec Louis Pasteur et Albert Calmette, à l'Institut Pasteur.

Pasteur (1822-1895), jeune physicien-chimiste, est nommé premier doyen de la faculté des sciences de Lille en 1854. Il effectue trois ans de recherches sur l'étude des fermentations du jus de betterave et sur les levures. Il n'hésite pas à sortir du laboratoire pour emmener ses élèves enquêter sur le vif – les premiers voyages d'études ! – et il fait une découverte essentielle : les levures sont des êtres vivants responsables de la fermentation, et non les conséquences de cette fermentation.

Lors d'une réunion de la Société des sciences, en 1857, il démontre l'action des micro-organismes et sa découverte est considérée comme « l'acte fondateur de la microbiologie moderne ». C'est l'une des plus grandes découvertes scientifiques de tous les temps. Après son départ de Lille, il continuera à acheter de la bière et à l'étudier…

Albert Calmette (1863-1933), qui a découvert le BCG avec Camille Guérin, fut le premier directeur de l'Institut Pasteur à Lille… construit en partie avec ses biens propres ! Il a dédié sa vie à l'amélioration de la santé et au rayonnement de sa région d'adoption. Il a porté et démultiplié les premiers fruits scientifiques initiés par Pasteur sur les terres du Nord. Visionnaire et généreux, il fit don au monde médical de son invention contre la tuberculeuse, sans déposer de brevet. C'est un grand homme, hors du commun, au charisme exceptionnel et qui force l'admiration et la fierté.

Ancrés dans la région, les chercheurs de l'Institut Pasteur de Lille sont présents sur la scène internationale de la science. Ils entretiennent une flamme intérieure au service de l'homme sans chercher à en récolter les éloges. On ne peut que saluer leur courage, leur anticonformisme qui balaie les idées reçues. Le vrai sens de l'innovation !

D'autres chercheurs de talent ont œuvré dans la région :

Le Lillois Jean Perrin fut prix Nobel de physique.

Et si le Nordiste Gérard Debreu n'avait pas pris la nationalité américaine, nous aurions eu un autre prix Nobel, d'économie.

Le professeur Oscar Lambret, né dans l'Avesnois, fut à la pointe des progrès de la chirurgie.

Ferdinand Guignet fut l'inventeur d'une méthode de diagnostic de troubles oculaires, tandis que Guillaume Duchenne, l'inventeur de l'électricité médicale au XIXe siècle, était de Boulogne.

Un autre génial inventeur est Audomarois : Joseph Caventou, pharmacien né à Saint-Omer en 1795. Ses recherches avec Joseph Pelletier restent liées au pigment vert de la chlorophylle, au carmin, à la strychnine, à la vératrine, et surtout à la quinine. On sait les bienfaits humanitaires de ces découvertes !

Aujourd'hui, le professeur Éric Lartigau, directeur délégué du centre Oscar-Lambret en charge de la recherche, dirige le département universitaire de radiothérapie. Son action a permis à Lille d'être l'une des trois villes retenues en France pour accueillir le CyberKnife, outil de très haute précision pour traiter les tumeurs cancéreuses.

UNE ENTRÉE DANS LE IIIE MILLÉNAIRE AVEC PANACHE : LE TUNNEL SOUS LA MANCHE

Depuis des siècles, la position idéale de Calais permet à son port d'accueillir de nombreux bateaux au départ et à l'arrivée de l'Angleterre. À la fin du XXe siècle, le développement du port et la construction du tunnel sous la Manche ont permis à Calais de devenir la première ville française de liaison avec l'Angleterre et le premier port français de passagers.

Le tunnel débouche dans la ville de Peuplingues, très proche de Calais. Les installations du terminal de cet ouvrage sont en très grande partie sur le territoire de la commune de Coquelles. C'était un rêve de deux siècles !

En effet, que de plans, plus ou moins fantaisistes, se sont succédé ! Comme au début du XIXe siècle, avec des cheminées d'aération en pleine mer. Par deux fois, les inquiétudes britanniques ont arrêté le projet, en 1880 puis en 1973. Il fut enfin repris en 1986. Le chantier fut pharaonique, et la jonction historique eut lieu le 1er décembre 1990. François Mitterrand et la reine d'Angleterre inaugurèrent le 6 mai 1994 le tunnel sous la Manche ou Eurotunnel.

LE ROYAUME DE LA RECONVERSION ET DE L'INNOVATION

Un autre chimiste de talent fut appelé à Lille pour créer un enseignement de chimie appliquée : Frédéric Kuhlmann. Sollicité par les industriels du textile pour parfaire la teinture des fils et des tissus, il crée en 1826 une importante unité chimique à Loos près de Lille, et deviendra l'un des héros de l'industrie industrielle. Ensuite, il dirigera la Monnaie de Lille et contribuera à la création du Crédit du Nord en 1866. Un autre audacieux Nordiste, Auguste Scalbert, va créer sa banque à Lille, puis fusionner avec un autre Nordiste, Charles Louis Dupont.

La production de la faïencerie, elle, est associée à cinq lieux : Desvres et Saint-Omer dans le Pas-de-Calais ; Lille, Saint-Amand et Ferrière-la-Petite pour le Nord. À Desvres, l'industrie de la terre cuite est très ancienne, celle de la faïence apparaît en 1764. Peu à peu, la production est devenue originale et, si ailleurs elle s'est arrêtée, on la poursuit à Desvres !

Des châteaux d'industrie aux noms célèbres : Scrive, Prouvost, Wallaert, Crespel... marquèrent toute l'histoire du textile, mais aussi celle des brasseries et de l'acier du Nord-Pas-de-Calais. Ces usines monumentales aux allures de forteresses sont des palais extraordinaires. Ce patrimoine industriel a retrouvé une seconde vie : rénové, il s'est reconverti en de nouvelles industries, en artisanat, en lieux de culture, de création, d'expositions. Ainsi, la filature Motte-Bossut à Roubaix est devenue un centre de télécommunications et de recherches avancées. Celle que l'on surnommait « le monstre » est l'exemple parfait de la reconversion. EuraTechnologies, grâce à des entrepreneurs du Nord qui ont osé reconvertir des lieux laissés à l'abandon, possède cent trente entreprises dédiées au numérique. Ce centre européen de l'ebusiness, vers lequel convergent tous les acteurs de l'innovation, n'est-il pas appelé la « Ch'tilicone Valley » ?

Le Nord-Pas-de-Calais possède un des meilleurs pôles universitaires français et il est devenu une terre de recherche. Ainsi, l'université des sciences Lille 1 est le leader national de la formation continue. Elle est à la pointe du progrès, avec ses cours en ligne – le cartable électronique – venus des États-Unis, une bibliothèque du futur, et un Experimentarium qui sera la vitrine grand public de l'innovation.

Au centre de l'Europe, en dix ans d'une transformation incroyable, Lille-Roubaix-Tourcoing devient leader dans des domaines jusque-là délaissés. À l'Exposition universelle de Shanghai 2010, la métropole lilloise a ouvert son pavillon, vitrine de la créativité des pôles de compétitivité du nord de la France.

Avec le quartier Euralille, sa gare, emblème de l'ouverture de Lille sur toute l'Europe, avec son vaste centre commercial et d'affaires, ses transparences, ses jeux de lumière et sa plate-forme futuriste, la ville des comtes de Flandre est entrée dans le troisième millénaire par la grande porte. La métropole régionale est devenue métropole européenne. Nous n'avons pas d'autre exemple en France. Le Nord n'est plus une obscure terre périphérique et septentrionale, mais bien le carrefour de notre Europe du Nord-Ouest.

Alfred Mongy, qui perça le Grand Boulevard de Lille et relia la ville à Roubaix et à Tourcoing avec son tramway, surnommé « le Mongy », est un vrai précurseur du Grand Lille !

De Fives-Lille, qui exporta ses locomotives dans le monde entier, aux grandes aciéries du Nord-Pas-de-Calais, la région a su traverser les mutations (charbon, textile, sidérurgie...) et garder un esprit positif.

Sa jeunesse entreprend, et et si l'on songe que la région a la démographie la plus jeune de France, n'est-ce pas encore une raison d'en être fier ?

Triste ? Pas de quoi être fier ? Mais si !...

Chez Solstiss, à Caudry, on se sent, avec justesse, fier des dentelles ou des robes portées au cinéma, comme celle d'Isabelle Adjani dans *La Reine Margot*.

Le Nord-Pas-de-Calais est de plus en plus le décor de films cinématographiques ou télévisuels.

Bien sûr, il y eut des films dits « sociaux », mais cela n'enlève rien à leur talent ni à leur succès ; ainsi de *La Vie rêvée des anges, Karnaval, Welcome* et *Germinal*, dont on peut visiter les décors miniers à Wallers-Arenberg. Plusieurs versions des *Misérables*, dont l'action se passe en partie à Montreuil, furent tournées sur place. Puis ce furent *La vie est un long fleuve tranquille, Quand la mer monte, Joyeux Noël, Effroyables jardins*, d'après le roman de notre ami nordiste Michel Quint, et dernièrement *La Liste de mes envies, La Vie d'Adèle*, qui s'est offert la Palme d'or, et tant d'autres...

Et le succès extraordinaire de *Bienvenue chez les Ch'tis* ? Il eut le mérite de montrer la convivialité et la chaleur des gens du Nord, leur hospitalité, et... de nous faire rire. Ne gâchons pas notre plaisir, même si Bergues n'est pas ch'ti... Merci à notre humoriste et réalisateur Dany Boon, dont on peut être fier. Il a largement contribué à un impact de vraie sympathie pour la région.

La télévision aussi s'intéresse au Nord, avec *Les Petits Meurtres d'Agatha Christie, Plus belle la vie*, et ce n'est que le début.

Le Pôle Images, filière de développement du cinéma, de la TV et des jeux vidéo, regroupe plus d'une centaine d'entreprises, et vingt-deux organismes de recherche. Chaque année, le conseil régional consacre avec l'aide du Centre national du cinéma et de l'image animée (CNC) près de trois millions d'euros à la production de films tournés sur son territoire. Pictanovo (ex-Crrav), créé pour développer les tournages dans la région, accompagne ainsi tous les ans longs métrages de fiction, téléfilms et séries, animations et jeux interactifs, documentaires et courts métrages.

De nombreuses personnalités du monde des médias, du théâtre et du cinéma sont venues du Nord. Je ne vous en offre qu'un petit échantillon, mais vous fais confiance pour le compléter !

En leur temps, elles furent très célèbres : Claire Josèphe Léris, dite Mademoiselle Clairon, née à Condé-sur-l'Escaut, triompha dans *Phèdre* à la Comédie-Française vers 1743, et fut adulée par Voltaire qui se déclarait « claironien ».

Joséphine Duchesnois, de son vrai nom Catherine Rafin, de Valenciennes, triomphera également dans le rôle de Phèdre après la Révolution, et sera en compétition avec Mademoiselle George.

Nos grands cinéastes, Louis Malle et Robert Enrico, étaient respectivement de Thumeries et de Liévin. Nous eûmes de grands interprètes comme Paul Meurisse, Viviane Romance, Philippe Noiret, Sophie Daumier. Dans le film culte *Les Tontons flingueurs*, deux des personnages sont bien Nordistes : Jean Lefebvre et Pierre Bertin. Pierre Repp, le grand bégayeur qui ne fut jamais égalé, était de Saint-Pol-sur-Ternoise.

Aujourd'hui, les réalisateurs René Féret et Étienne Chatilliez sont Nordistes eux aussi, comme Dany Boon, notre roi du rire. Jean Piat, notre brillant sociétaire de la Comédie-Française, inoubliable dans *Les Rois maudits*, est né à Lannoy. Brigitte Fossey, actrice précoce et magnifique, la petite fille de *Jeux interdits*, vient de Tourcoing. Et, bien entendu, notre « demoiselle from Armentières », plus exactement de Nieppe... Line Renaud fut précoce, elle aussi, et passa son premier radio-crochet à six ans. Artiste complète, elle allie les talents de comédienne, de chanteuse. Meneuse de revue, elle transporta outre-Atlantique la « petite folie » du Nord, et aujourd'hui, femme de cœur, se bat pour une cause humanitaire.

Le Nord est bien représenté aussi dans le monde de la télévision et des médias avec, parmi d'autres, Laurent Delahousse, Jean Réveillon, Alain Denvers, Bruno Masure, Pascal Levent ! Sans compter tous les jeunes journalistes qui arrivent de l'ESJ de Lille !

Valentine Hugo, née Gross, de Boulogne-sur-Mer, fut une peintre prolifique ; illustratrice, créatrice de costumes pour Nijinski et les Ballets russes, elle côtoya Éluard, Satie, Cocteau...

De nos jours, Yvonne Sassinot de Nesle, née à Saïgon, a très vite adopté la région, vivant à Flêtre avec son époux, le réalisateur Jean de Nesle. Elle fut une de nos plus grandes créatrices de costumes. Elle reçut en 1985 le premier César des meilleurs costumes pour *Un amour de Swann*. Elle a conçu et réalisé les costumes de vingt-deux films, quinze pièces de théâtre et neuf opéras. Serge Lutens, né à Lille, très connu pour ses créations de parfums, est aussi un artiste, photographe et cinéaste, architecte de la mode.

Et puis, il fallait un petit mineur pour le cinéma ! Une des « icônes » publicitaires les plus connues du siècle – même nos enfants le connaissent – est bien Nordiste. Modernisé, Jean Mineur Publicité apparaît toujours, sous le nom du groupe auquel il appartient : Médiavision. Vous savez bien : ce petit bonhomme qui lance sa faucille dans la cible ! Jean Mineur, né à Valenciennes en 1902, pionnier de la publicité et du cinéma publicitaire en France, créa sa société de production à Valenciennes, avant de conquérir les Champs-Élysées.

En 1951, il prendra le petit mineur comme emblème.

LE NORD DES SAVEURS ET DES TRADITIONS

Voici enfin nos « petites madeleines » ! Les saveurs de nos contes et légendes, les saveurs de nos traditions, de notre palais, et du plaisir de chanter.

La région du Nord-Pas-de-Calais sait se récompenser d'un labeur parfois ardu. Ce sera une ducasse – dont le nom est issu du jour de dédicace aux saints pratiqué dans les églises paroissiales –, un carnaval à Dunkerque, Cassel ou Bailleul, une fête du Houblon, la grande braderie de Lille, la Saint-Nicolas, l'Épiphanie, avec les Rois mages qui allaient jadis de maison en maison au son de l'accordéon, le cortège de mi-carême, sans oublier les courses cyclistes très populaires en Flandre.

LE PEUPLE FASCINANT DES CONTES

Région de labeur, qui a souffert et force le respect, oui, mais ce que l'on sait moins peut-être, c'est qu'elle fut toujours liée au surnaturel. N'oublions pas les influences celtique et germanique des tribus qui constituent le fonds ethnique du Nord-Pas-de-Calais !

Aussi étrange que cela puisse paraître, notre territoire fourmille de mythes nordiques dont il a hérité, et n'a pas à rougir face aux légendes des autres régions. Friand de fantastique, oui, mais aussi d'ésotérisme, il est le creuset des alchimistes, tel le Douaisien Jollivet-Castelot ; c'est la région aussi des chevaliers du Temple, de la Rose-Croix, de zones telluriques importantes, de pierres et de chênes sacrés, de sources magiques, de mégalithes... Son sous-sol fut lié jadis aux mythes, avec ses souterrains, à la fois lieux de rites, mais aussi de refuge – pour les hérétiques, par exemple –, repaires de brigands, antres de sorciers...

Dans le Nord, dit-on, le jour est fait de travail, mais la nuit venue, les sortilèges reprennent possession du monde... Ne dit-on pas encore que les feux follets sont les âmes des enfants morts sans baptême ?

Il y a dans la culture du Nord un mélange de sacré et de profane, du baroque, que l'on sent dans toutes les fêtes. Elle est proche des contes d'Hoffmann ou d'Andersen, très éprise de mythes et de sorcellerie.

Elle fournit d'ailleurs son lot de suppliciés à la monstrueuse Inquisition espagnole, dans le Cambrésis comme en Flandre. Morbecque était appelé le « village des sorcières ». Il fallait des boucs émissaires aux malheurs d'ici-bas, aux calamités terrestres : peste, intempéries, famine. À cette époque, la femme, fille d'Ève et non encore de Marie, était « la porte du diable ». Aujourd'hui, on ne brûle plus, mais les pères d'Ypres accourent encore de Belgique pour bénir certains lieux ou êtres diabolisés ! Mais oui !

L'eau, bien entendu, foisonne de ces personnages fantasmagoriques, comme les Nekkers. Ces esprits malfaisants habitent dans les marais, ainsi que dans le lit des rivières et des fleuves. Le clapotis de l'eau passant sous les fortifications de Bergues fait naître l'impression que les Nekkers vont jaillir des entrailles du sol.

Mondes étranges des marais, où les saules têtards semblent surgir des contes de fées, où les dames cygnes inventèrent les papillons blancs, où les nénuphars pondirent des pierres de lune et firent chanter l'alouette des marais.

Les étangs des Clairs ou la mer de Flines-lez-Râches ont leurs légendes. Par ailleurs, au fond des marécages, « les voix des hommes engloutis » depuis des siècles ne s'éteignent jamais.

Des « vives » ou tourbières aux confins des Moëres, on entend encore tinter les cloches des églises d'une cité marchande engloutie au Ve siècle. On raconte qu'un cavalier serait prisonnier des eaux de la Bronne, près de Douai. Dans l'étang de la Claire-Eau à Hardelot se trouverait une cloche d'or, tandis qu'au fond de l'étang du Roi, près du Touquet, c'est tout simplement la bague de l'épouse de Charlemagne qui reposerait !

Méfiez-vous du « Trou du diable » dans la mare de Pitgam.

« Ne va pas à la rivière, Marie Grauette va t'emmener ! » Cette sorcière de nos rivières, on la retrouve partout dans l'imagerie populaire. Elle rôde le long des berges, se cache près des racines des vieux saules ; son rire ressemble à celui de la poule d'eau, et elle guette les enfants imprudents.

Et dans les campagnes…

Un bruit de chaînes effraie-t-il un voyageur attardé ? C'est le grand vent qui transporte la complainte de l'âme des morts.

« Je me souviens de ces histoires de revenants circulant dans nos campagnes et dont, enfants, nous étions assoiffés », nous rapporte l'expert en diableries Jacques Messiant.

On se rappelle le colporteur Tisje Tasje, qui parcourait les Flandres avec ses tasses de café et ses petits carnets d'historiettes où il ne manquait pas d'humour sur… lui-même.

Les ouvrages de nos conteurs relatent « les mouches d'Avesnes », « les sept bonnettes » – cinq sont encore debout – à Sailly-en-Ostrevent, « les Demoiselles d'Acq » dites « du diable », « les pierres Martine » à Solre-le-Château, « la table des fées » de Fresnicourt, le diable au château de la Motte-au-Bois…

Depuis des siècles, on évoque Kludde, l'esprit du mal parcourant la campagne au gré du vent et ayant le pouvoir de se transformer, on parle de maisons hantées, on relate la rencontre de la « Dame blanche » sur une route isolée, ou la « dame au petit chien » du château d'Esquelbecq ; des revenants, comme ce « vicomte voltairien » dont le fantôme apparaît le vendredi à minuit. Dans les siècles passés, on craignait la grand-mère à poussière, ou encore Loripette aux yeux rouges et monstrueux.

Rien à envier au monde de Harry Potter !

DE NOS SAINTS GUÉRISSEURS AU VRAI PÈRE NOËL

Le Nord pullulait de saints guérisseurs, et chacun avait sa spécialité thérapeutique : Les dents pour sainte Apolline, les brûlures pour saint Laurent, la tête pour saint Gilles ; l'eczéma était soigné par sainte Dorothée, les maladies des yeux ou de la gorge par sainte Isbergue ; les bêtes étaient protégées par saint Etton. Sans oublier saint Corneille, que l'on invoquait contre les convulsions. Nombre d'enfants de Flandre se virent ainsi affublés de cet épineux prénom à leur baptême. Saint Donatius était, lui, un saint intercesseur, que l'on venait « servir » en qualité d'intermédiaire, pour lutter contre le tonnerre, comme on servait saint Cordon contre la peste.

D'autres saints sont importants dans la région : sainte Catherine, patronne des petites et jeunes filles. On n'attendait pas vingt-cinq ans pour les fêter et, au bal, la tradition voulait qu'elles prennent une petite revanche en invitant les jeunes gens à danser.

Saint Éloi, protecteur des chevaux, est le patron des orfèvres, des maréchaux-ferrants, de tous ceux qui travaillent les métaux. Il est le patron de confréries telle celle des Charitables ; on le voit partout et on le fête encore. Sainte Barbe aussi, et surtout en Artois, car elle est la patronne des mineurs.

On raconte que saint Bertin laissa errer sa barque sur le marais audomarois, au gré de Dieu. Portée par les anges, elle dériva puis s'arrêta. « C'est ici, dit-il, le lieu de mon repos, ici que j'habiterai. » L'abbaye Saint-Bertin, à Saint-Omer, devint illustre ; son vestibule servit aux réunions de l'ordre de la Toison d'or. On dit aussi que le maître-autel de l'abbaye était enrichi de diamants, et recelait une topaze d'une grosseur démesurée, la crosse de saint Bertin et le trône en or de Dagobert. Il ne reste aujourd'hui, malheureusement, que les ruines de l'abbaye.

Jadis, on fêtait la Saint-Martin le 11 novembre. Au Moyen Âge, elle ouvrait la saison des veillées, elle achevait celle des grandes foires, ancêtres des marchés de Noël ; on y goûtait la bière de Noël. Venait ensuite l'avent...

Ancien soldat – son prénom signifie « voué à Mars » (dieu de la Guerre à Rome) –, Martin trancha sa chape, ou cape, pour en offrir la moitié à un déshérité transi de froid. L'autre moitié sera placée à la vénération des fidèles, dans une « chapelle »... Cette cape sera aussi à l'origine du nom de la dynastie des rois de France, les Capétiens.

Saint Martin portait, dit-on, la bonne parole sur les côtes flamandes. Tentant d'évangéliser un village, la future ville de Dunkerque, il aurait perdu son âne, retrouvé par les enfants sur les dunes, à la nuit tombée. Pour les remercier, saint Martin transforma les petites crottes de l'âne en brioches... les craquandoules !

La fête légendaire perdure dans le Nord-Pas-de-Calais : les enfants défilent dans la rue, avec une lanterne ou une betterave à sucre creusée et éclairée, plutôt qu'une citrouille. Après le défilé, on leur donne une brioche. La Saint-Martin, contrairement à Halloween, est une fête de la vie et de la lumière... Comme aujourd'hui, c'est la fête de la Victoire. Près du tombeau de saint Martin, une plaque signée du maréchal Foch rend grâces à Dieu pour la victoire de 1918.

Mais il en est un qui ne peut passer inaperçu et qui est à l'origine du Père Noël : saint Nicolas.

Frileux l'hiver, les géants restent au chaud, et seul saint Nicolas, pour sa fête le 6 décembre, parvient à les faire sortir de leur foyer. Le culte et les légendes de saint Nicolas remontent au Moyen Âge, et jusqu'aux années 1960, on fêtait davantage saint Nicolas que le Père Noël.

Les enfants du Nord disposaient leurs souliers devant la cheminée et mettaient sur une assiette quelques carottes à l'intention de l'âne du saint. Filles et garçons s'envoyaient des cartes de saint Nicolas. Aujourd'hui encore, le 6 décembre reste un rendez-vous incontournable pour les Nordistes... où qu'ils soient !

Dans les années 1500, à Dunkerque, la Saint-Nicolas était déjà une fête très importante. Les écoliers nommaient, parmi eux, l'évêque des enfants, et cet élu ordonnait toute la fête de la Saint-Nicolas, le patron des enfants. Le saint arriva dans le Nord et l'Est bien avant le Père Noël qui le détrôna. Il forçait le respect. Les enfants le vénéraient mais le craignaient. Il fallait mériter ses cadeaux, son orange et son pain d'épice, sinon le père Fouettard apportait son martinet. Une chanson est liée à sa légende, qui commence ainsi : « Ils étaient trois petits enfants qui s'en allaient glaner aux champs... »

Alors, qui est le Père Noël ? Ne s'appelle-t-il pas Santa Claus, ce qui signifie « saint Nicolas » ? Il en est une déformation physique : rondouillard et jovial. Son apparition date du XIXe siècle, due à un pasteur américain, Clement Clarke Moore, qui écrivit un conte de Noël dans lequel un personnage dodu apparaît – le Père Noël – dans son traîneau tiré par huit rennes. Il remplaça la mitre de saint Nicolas par un bonnet, sa crosse par un sucre d'orge, et le débarrassa du père Fouettard. La presse de New York s'empara par la suite de son poème « A Visit from St. Nicholas », et la pub acheva de le transformer, dans une image de Coca-Cola, en 1931 : un ventre plus que rebondi, la robe rouge remplacée par un pantalon et une tunique. Saint Nicolas était devenu Santa

Claus et reprenait du service, comme les héros de nos autres contes européens, par le biais de l'imagerie américaine…

D'HALEWYN AUX SUPER-HÉROS

Le Reuze, géant de Dunkerque érigé vers le milieu du XVIe siècle, serait la représentation d'Allowyn, ou Hallewyn, ce chef militaire scandinave qui, ainsi que ses guerriers, est qualifié de *reus* à cause de sa stature imposante. Nous avons vu que, baptisé par saint Éloi, Allowyn épousa une enfant du pays et décida de finir ses jours à Dunkerque, qu'il défendit dès lors. Edmond de Coussemaker nous a restitué dans un recueil de chants de Flandre française « Le chant d'Halewyn », qui évoque le souvenir historique d'un farouche guerrier saxon. Novembre était le temps où le farouche Halewyn séduisait par son chant mélodieux les jeunes vierges, telle la belle Lauriane emmenée vers lui par un vent magique. Un rocher sera nommé « le tronc d'Halewyn », et l'on retrouve des similitudes avec les aventures du dieu Thor.

En Flandre, des noms de famille et de lieux portent le nom « Halewyn ».

L'origine lointaine de la fête d'Halloween est celtique. Mais le nom serait, selon les Anglais, une contraction de *All Hallows Eve*, qui se traduit par « la veille de tous les saints », autrement dit, la veille de la Toussaint.

On peut se poser des questions…

Que sont ces signes étranges dits « runiques » que l'on peut voir fréquemment sur les murs de brique des maisons, sur les murs de certaines hallekerques ? Que signifie « rune » ? Mystère, initiation, en vieux scandinave. En norvégien : bonne aventure. En finnois, le *runo* est un chant magique. Pour le vieil haut-allemand : secret, confidence murmurée à l'oreille. Pour le vieil anglo-saxon : murmurer.

L'origine de ces « signes des dieux » remonte à plus de 2 000 ans avant Jésus-Christ. Ils sont les vestiges d'un merveilleux langage de nos ancêtres, qu'aucune bouche terrestre n'a jamais su épeler, réservé sans doute aux âmes de l'au-delà... L'alphabet runique le plus connu est appelé « Futhark ». Il comporte 24 caractères. La 25e rune est dite « rune d'Odin » et ne sert qu'en magie divinatoire. Le *X* est la lettre *Gebo* qui symbolise les connexions entre Dieu et les hommes, et entre les hommes ; elle cimente un accord, un document liant deux personnes. Le symbole, obscur aujourd'hui, était plus compréhensible que le texte lorsque peu de gens savaient lire et écrire. Le blason permettait de reconnaître la maison d'un chevalier, d'un bourgeois, d'une corporation de métier. Ces signes furent repris par les bâtisseurs de cathédrales au Moyen Âge, qui se transmettaient des secrets et des règles géométriques. Ainsi, le losange apporterait la fécondité, l'amour et la prospérité. Très chrétien, le peuple flamand pensait s'adjoindre la protection divine, grâce aux signes runiques.

La croyance dans les runes survécut à son interdiction par l'Église en 1639. La tradition de tracer des signes runiques sur les maisons a perduré jusqu'au XIXe siècle.

Nous pouvons, dans le Nord, revendiquer l'univers des mythes germano-celtiques et vikings, et particulièrement le plus connu, celui d'Odin, des Ases, et de Thor le guerrier.

Dans les pays germaniques, on sacrifiait des coqs en l'honneur de Thor, le dieu nordique du Tonnerre, dans l'espoir d'éloigner les orages et tempêtes.

Pour Bernard Coussée, du Cercle d'études mythologiques, le sacrifice des coqs et le tir aux oiseaux en Flandre française « s'inscriraient *a priori* dans un schéma mythologique, dont le but essentiel reste la maîtrise du coq/dragon en période de lune rousse ».

Au XIXe siècle, Roubaix, par exemple, comptait une cinquantaine de sociétés de coqueleux ; la tradition était très vivace dans le Nord.

De plus, une partie des attributs régionaux de notre saint Nicolas serait inspirée du dieu scandinave Odin.

Et surtout...

Dans un poème de l'*Edda poétique*, manuscrit islandais du XIIIe siècle, composé de chants et poèmes, la découverte de signes runiques fréquents dans le Nord est attribuée à Odin ou Odhinn, le dieu borgne qui s'est approprié ces signes magiques, symboles d'une connaissance interdite. En les découvrant – cela lui vaudra un œil –, il devint le « prince du pouvoir gravé » et enseigna que ces runes étaient un guide de vie, l'espoir des désespérés, et les compagnes de la solitude.

Odin est aujourd'hui un personnage célèbre de l'univers de Marvel (*comics*, films), inspiré du dieu, père du superhéros Thor.

Branchés, les Nordistes !

LE CARNAVAL DE DUNKERQUE OU LA « FÊTE À L'ENVERS » !

Il existait jadis à Dunkerque une grande fête aujourd'hui oubliée : les Folies. Par certains aspects – travestissement, géants –, elle semblait préfigurer le carnaval, mais avait lieu le jour de la Saint-Jean d'été.

Le carnaval de Dunkerque est l'ensemble des festivités qui se déroulent non seulement à Dunkerque, mais dans toute l'agglomération et les environs. Il a lieu aux alentours de mardi gras et dure en réalité... trois mois ! Et il est unique en France !

Une magnifique conciliation entre les rites dits « païens », liés aux cycles de la nature et à la religion chrétienne, qui s'est adaptée à cette force impossible à réduire, car on ne réduit pas l'envie de vivre. Il restitue un bien précieux en cette fin d'hiver : l'énergie. Fête lunaire, la date du carnaval varie chaque année.

La transgression, la provocation, les excès sont dignes des carnavals moyenâgeux, où l'on chassait ses terreurs ; on prenait une revanche sur les frustrations, on revêtait le costume de ce que l'on craignait : diable, femme, ou mendiant.

Sous une forêt de petits parapluies haut perchés, une myriade de chapeaux extravagants, les carnavaleux entraînent la population au son des fifres et des tambours. Les rythmes des piétinements sont obsédants. On se défoule en propos hardis. La frénésie est contagieuse, et le rire bon enfant. « Fête à l'envers », le carnaval symbolise l'inversion des valeurs. On retrouve cette tradition dans l'Égypte ancienne. Existe-t-il un autre pays où, pendant trois mois et grâce au déguisement, l'homme peut être femme, le pauvre être riche ? Nivellement des classes sociales, il n'y a plus de pauvres ni de puissants. L'ouvrier du port donne le bras au commissaire de police.

On adore ou on déteste ce côté populaire, mais le carnaval ne supporte pas la tiédeur. Il ne faut pas y venir en spectateur, mais en acteur : « rentrer dedans », ne pas avoir peur du ridicule, ce qui parfois peut dérouter quand on vient d'ailleurs.

Ces « masques lourds » ou « masquelours » sont des masques au sens déguisé, car à Dunkerque, on se grime, on se maquille, on ne se cache pas sous un masque. Pas d'intrigues comme à Venise, on se reconnaît. Sans les carnavaleux, pas de carnaval. Pas de char, juste une bande qui n'en finit pas et qui suit une fanfare.

Le carnavaleux est habillé d'un « clet'che » qui fait tous les bals et toutes les bandes de la côte, c'est-à-dire de janvier à mars. Les bals, il y en a chaque fin de semaine. Mais certains bals sont plus prisés que d'autres : bal du Chat Noir, bal des Corsaires, bal de l'Oncle Cô...

Chacun son look, chacun son clet'che : la liberté est la première règle. Le bas résille fait la « ma-tante ». Les « matantes » sont les hommes déguisés en femmes. Minijupe, porte-jarretelles, mitaines, blouson en fausse fourrure, boa en plumes de couleurs vives, sac à main au bras, chapeau à fleurs sur la tête, perruque orange ou verte, et faux cils de rigueur ! Sans oublier le « berguenaere », ce petit parapluie perché tout en haut d'un bâton de plus de 2 m, porté uniquement par les hommes. Il permet de se retrouver dans toute cette foule colorée, car aucun berguenaere, hormis pour les bandes constituées – celui des Acharnés est rayé bleu et blanc –, ne ressemble à un autre.

Le point essentiel ? Ne pas avoir mal aux pieds, pouvoir marcher, sauter pendant des heures. Pas de talons aiguilles, mais des bas résille et des gros godillots.

C'est la fête de tous les sens...

La vue : En ces jours de liesse, Dunkerque met toutes les couleurs à ses fenêtres. Les bandes colorées inondent les rues.

L'ouïe : Les tambours, les fifres, les cuivres envahissent la rue. Le guide du carnaval, actuellement Cô'Schlock, est habillé en grognard.

Et il y a aussi les chansons, que l'on chante en chœur... sur des centaines de mètres ! Tous les carnavaleux ou presque les connaissent. Si les paroles changent au gré de l'actualité, tout le monde s'y retrouve, comme dans la fameuse « Rosalie », ou comme dans « Chantal » ou dans « Rose-Marie ». Le sexe y est présent, comme un ultime pied de nez à la mort, cette mort qu'allaient affronter jadis un quart des marins partis en mer.

Le goût : Le hareng – jeté du haut du beffroi, il rappelle le départ des pêcheurs d'Islande et la proximité du carême –, mais aussi la bière, et puis les moules et les frites, car on mange et on boit au carnaval, et l'ivresse vient davantage de la musique, de la foule, de la danse, du chaud et du froid, de la farandole, que de la bière qui s'élimine très vite.

L'odorat : Encore les harengs – quand quelqu'un en attrape –, mais aussi l'odeur de la mer, de la pêche et du vent salé.

Il existe une grande fraternité entre carnavaleux. On se frôle, on se touche, on se prend par la main, par le bras, « on ne se connaît pas, mais on se reconnaît ». Les lignes sont respectées et on ne sort pas du chahut. On respecte aussi le déguisement de l'autre. Pourquoi n'y a-t-il pas de violence, alors que la bière coule à flots ? Peut-être, m'a dit une carnavaleuse, parce que les hommes sont habillés en femmes, et que de se battre ainsi attifés paraîtrait absurde.

Le service d'ordre est impeccable, discret, musclé et déguisé lui aussi. Il guide la bande, et veille, pas à pas, sur ces milliers de personnes qui avancent, chantent les mêmes chansons, du début à la fin. Les « costauds » des premières lignes contiennent l'avancée du cortège, repèrent les obstacles et les ramassent.

Dès qu'un carnavaleux a un problème, on le sort de la foule. Il trébuche ? On le redresse.

Il existe aussi un vrai respect pour la fanfare, et son tambour-major. Elle s'arrête, au doigt et à l'œil de son guide. Une bande de joyeux drilles en liberté ? Pas vraiment, car le chahut est orchestré. Souhaitons que le carnaval reste longtemps sans heurts ni violence.

La bande ne s'arrête pas, elle continue sa route, on la quitte le temps d'aller boire une chope ou de se soulager et, plus loin, on la reprend, comme un train qui passe, mais il faut vraiment monter en marche, car elle n'attend pas.

Les carnavaleux font halte chez tel ami ou tel parent qui ouvre sa porte et offre à boire, à manger. Faire « chapelle », c'est aussi faire une pause dans un café, au chaud, afin de se retaper avant de retourner dans le bain de foule.

Le rigodon, qui marque la fin de la bande, dure une heure. Serrés les uns contre les autres, les carnavaleux tournent autour du kiosque des musiciens. Une puissance énorme se dégage des premières lignes du rigodon. Il se termine par le « Salut à Cô'Pinard », un fameux tambour-major, qui, jadis, œuvra pour le carnaval.

Et l'on n'achève jamais le carnaval sans ce rituel immuable et émouvant : la « Cantate à Jean Bart », ce corsaire enfant et bienfaiteur de la ville. Tout le monde se met alors à genoux, les bras en l'air, en se tenant éventuellement les mains. Beaucoup sont en larmes. Ce sont de beaux moments très émouvants, puis tout le monde se disperse... Jusqu'au prochain bal, jusqu'au prochain carnaval...

Ce carnaval vous emporte comme une grande vague de chaleur humaine !

Les générations se côtoient, on ne sent pas de barrière d'âge, tout le monde est là, jeunes et moins jeunes ayant à cœur de transmettre à ceux qu'ils aiment cette folie d'un jour.

Est-ce le fait de bouger, de sauter, un peu comme dans une danse africaine ? Les jours qui suivent, on est peut-être fatigué, mais l'énergie est là, retrouvée.

J'ajouterai seulement les paroles d'une amie, Charline :

« J'y rencontre des personnes que je ne revois jamais, qui se donnent un beau rendez-vous pour *être*, et jeter en riant à la face du monde, comme une poignée de confettis, ces belles valeurs si souvent bafouées que sont : Liberté, Égalité, Fraternité. »

UNIQUE : LA GRANDE BRADERIE

Laissons-nous porter par le flot humain des « bradeux », lors de la grande nuit des étals de l'illustre braderie du début septembre. On ne peut qu'affectionner l'atmosphère festive de la manifestation, marcher dans les rues encombrées et livrées aux piétons, au milieu des appels facétieux des camelots d'un week-end, flâner sans but précis, à la recherche de l'article extraordinaire et inimitable. Comment résister à ces fameuses moules-frites qui depuis tant de décennies contribuent au folklore de la ville ?

La braderie, elle non plus, ne date pas d'hier. Elle remonte au XIIe siècle. De cette époque où nos ancêtres rôtissaient ou « bradaient », en plein air, alors que les bateleurs prenaient racine sur la Grand-Place. Près de mille ans d'une colossale friperie ! Dernier vestige des foires médiévales, lieux d'échange économiques et humains, on y venait de toute l'Europe. Épices, sels, grains, draps, objets d'art se vendaient, s'échangeaient, colporteurs et chanteurs affluaient... C'est enfin le premier marché aux puces des temps modernes, quand, à l'aube du XXe siècle, les domestiques des bourgeois aisés de l'industrie textile liquidaient, avec leur autorisation et à vil prix, des objets jugés obsolètes et récupérés dans les combles, et de vieilles fripes dont ils se délestaient. Les domestiques vendaient tout à leur profit, satisfaits de l'aubaine.

Les « bradeux », de plus en plus nombreux, se déversent aujourd'hui par trains entiers durant le fameux week-end. Bien équipés de confortables chaussures de marche, ils arpentent les kilomètres d'étals improvisés.

Dans les lueurs blafardes du petit matin, la foule commence à refluer et certains bradeux plient bagage. Mais c'est parfois aussi le temps des vrais chineurs.

Et quand les uns et les autres se sont dispersés, Lille reprend son air coutumier et les rues reviennent aux voitures. Seuls témoins de la fête, les fameuses « piscines à moules », qui vont bientôt disparaître à leur tour, comme par enchantement.

LES CHARITABLES

Ils sont de Béthune, de Beuvry et des alentours. Ils sont apparus, eux aussi, au Moyen Âge, et perdurent !

Avec l'épidémie de Peste noire de 1188, personne n'acceptait plus d'enterrer ni de toucher les morts. La Confrérie des Charitables de Saint-Éloi vit le jour grâce, dit-on, au songe de deux maréchaux-ferrants, Gauthier de Béthune et Germon de Beuvry, qui virent apparaître à plusieurs reprises le saint protecteur. Saint Éloi leur demanda de créer une charité, et de se charger bénévolement de l'inhumation des morts. Les deux hommes ne se connaissaient pas ; ils partirent à la rencontre l'un de l'autre et se retrouvèrent à la fontaine de Quinty, qui jouxte les deux territoires. Une belle histoire, car la confrérie contribua beaucoup à éteindre l'épidémie. Elle existe toujours et, depuis des siècles traversés par la peste, les guerres, les maladies, elle continue ses soins aux malades, console les mourants, participe à la cérémonie religieuse, ensevelit les morts et leur donne une sépulture. Des soins palliatifs avant l'heure…

En 1332 fut créée la Confrérie des Charitables de Lestrem, puis celle de Manin au XVIIIe siècle… Aujourd'hui, quarante-trois confréries ont été créées sur le modèle de Béthune.

Chaque année, les Charitables se rencontrent, dans leur bel uniforme, leur bicorne et leurs gants blancs, une baguette fleurie à la main, à hauteur de la fontaine. Accolades, messe, banquet s'ensuivent.

LA CAPITALE DU CERF-VOLANT

La capitale du cerf-volant est Berck-sur-Mer.

Berck fut, à tort, appelée « plage des allongés ». On devrait au contraire lui rendre justice et hommage, car si les centres médicaux s'y sont installés – ils ne sont pas sur la plage –, c'est grâce à son climat et à son paysage, bénéfiques pour les malades.

Elle fut l'aimée des peintres. Son immense plage de sable attire aussi le char à voile et le cerf-volant. Et c'est à Berck-sur-Mer que furent prises les premières photos aériennes… par cerf-volant.

Chaque année, en avril, ont lieu les Rencontres internationales de cerfs-volants. Le spectacle des cerfs-volants évoluant dans les airs, ainsi que celui des mobiles du « jardin du vent », grise les 500 000 spectateurs autant que les délégations du monde entier. Enfants et adultes pointent du doigt cette étrange chorégraphie aérienne composée de papier et d'étoffes légères tirés face au vent. Il y en a de tout pays, de toute taille, forme, couleur. Certains évoquent des personnages, d'autres des oiseaux à la queue bigarrée, des papillons et des méduses géantes, des anémones de mer ou des poissons-clowns, et l'on ne sait plus très bien si le ballet est aérien ou abyssal. Tous flottent dans la même direction ordonnée par le vent, et accentuent cette impression d'un vol migratoire ou d'un banc de poissons se mouvant vers sa nourriture. Le spectacle est féerique !

DES SPORTS MYTHIQUES

Le Nord-Pas-de-Calais fut très tôt amateur de football, avec le Racing Club d'Arras, créé en 1901. Suivit l'Olympique Lillois en 1902. En 1906 naquit le Racing Club de Lens, le plus célèbre club de foot du Nord-Pas-de-Calais. Il fut champion de France 1998 !

Raymond Kopa, fils d'immigrés polonais, né à Nœux-les-Mines, est le premier Français à recevoir le Ballon d'or en 1958, meilleur joueur de la Coupe du monde et de l'histoire du football. Jean-Pierre Papin, sacré meilleur joueur européen en 1991, est de Boulogne-sur-Mer.

L'Enduro du Touquet est une célèbre course de motocross sur les plages.

Anne-Marie Quétu remporta le record du monde d'endurance en char à voile... L'occasion de reparler de Louis Blériot, l'illustre aviateur. Il se fait construire une villa sur la digue d'Hardelot-Plage. Il conçoit et commercialise le premier aéroplage français, l'ancêtre du char à voile, qui va attirer de très nombreux adeptes sur la plage de la station et tout le long de la Côte d'Opale. À Berck-sur-Mer, il organise, en 1907, la première compétition internationale d'aéroplage.

De grandes figures dans tous les domaines sportifs viennent de la région du Nord.

Le grand athlète français Michel Jazy est né à Oignies, dans le Pas-de-Calais. Georges Carpentier, né à Liévin, est le premier Français à devenir champion du monde de boxe, poids mi-lourds, en 1920.

Une grande dame de l'alpinisme est née dans le Nord : Marie-Louise Plovier-Chapelle.

Guy Drut est aussi un enfant du Nord. Il fut champion olympique du 110 mètres haies à Montréal.

Et tant d'autres d'hier ou d'aujourd'hui, dont vous avez certainement les noms en bouche et qui portent haut le flambeau de notre région !

Mais le sport mythique, emblème de la région, est la petite reine !

« Et si je devais en une seule image, en un seul son, résumer ce Nord qui m'est cher, je choisirais, sur une petite route où le poussier grince mais que borde la chicorée sauvage, une bicyclette qui passe, avec un doux bruissement d'hirondelle. » (Françoise Mallet-Jorris.)

Le vélo a des racines populaires. Les courses cyclistes, exigeantes pour les concurrents, avec leurs efforts, leur pugnacité, leur esprit d'équipe, reflètent toute la mentalité de la région : festive et consciencieuse à la fois. Elles drainent un public enthousiaste : des Quatre Jours de Dunkerque au Paris-Roubaix, en passant par le Grand Prix d'Isbergues, le Grand Prix de Lillers et le Tour des Flandres.

Les premiers sportifs médiatisés furent d'ailleurs les cyclistes. Et le premier vainqueur du Tour de France en 1903 est un Nordiste, Maurice Garin, dit le « petit ramoneur » ou « petit matelot », mais grand talent. Les Vasseur, Alain, Sylvain et Cédric ont également marqué le cyclisme. Ainsi que César Marcelak, champion de France 1948, établi dans le Pas-de-Calais, et Louis Déprez, autre champion de l'après-guerre.

Un cycliste du Nord a remporté cent six victoires, qui dit mieux ? Championnats de France, Paris-Bruxelles... Jusqu'au championnat du monde. Il s'appelait Jean Stablinski, fils d'immigrants polonais et né à Thun-Saint-Amand. Il abandonna très jeune les mines pour le vélo. Il fut ensuite le manager de Bernard Hinault.

Jean-Marie Leblanc, originaire de Fontaine-au-Bois, coureur cycliste professionnel (2e des Quatre Jours de Dunkerque en 1970), fut journaliste sportif et directeur du Tour de France pendant douze ans. Aujourd'hui, il se partage entre la petite reine, la randonnée pédestre, l'amour du saxophone, et continue d'être un ambassadeur très attachant de la région. Tout comme Jean Réveillon, qui remporta le Grand Prix de Lillers en 1965, également journaliste sportif avant de faire une magnifique carrière au sein de France Télévision. Et aussi Christian Palka, chroniqueur radio et télévision, et toujours recordman des Flandres de l'heure depuis 1968. Tous trois ont certainement des milliers d'anecdotes à raconter. Paul Dubrule, né à Tourcoing, cofondateur du groupe Accor, fit de lointaines expéditions cyclistes. Dans le Nord, on fabriqua de belles marques de vélos et de cyclomoteurs, comme Lucer, dont le constructeur hazebrouckois acquit une dimension internationale, essentiellement vers l'Afrique. Ses nouveaux modèles – comme l'Ondine – firent sensation, ses vélos VAP ébranlèrent le mythique Vélosolex, et le pilote Georges Monneret battit le record du monde au circuit de Montlhéry sur un VAP. Cet amoureux de la petite reine, Georges Degroote, reprit toute la fabrication de la mythique Alcyon, et le valeureux Darrigade était de son équipe au Tour de France.

Le Paris-Roubaix, « l'enfer du Nord », « la dure des dures », est une course de l'effort, mais elle est surtout la « reine des courses ».

Elle est née du désir de deux filateurs en 1896, comme à Saint-Étienne, où Vélocio était rubanier ! Ils firent construire à leurs frais le premier vélodrome de la ville. C'est une longue histoire que ce Paris-Roubaix.

Les crevaisons, nombreuses, n'épargnent personne, frappent aussi bien les favoris que les novices et constituent l'une des grandes peurs des participants. Surtout sur ces pavés ancestraux conservés… pour les besoins de la course ! Depuis son origine, les coureurs sont toujours armés de la hargne nécessaire à cette course éprouvante et longue, plus de 250 km ; la plus exigeante dans ce monde du cyclisme. Après un parcours exténuant, les héros franchissent la ligne d'arrivée avec des crissements de roues, dans une effervescence à son comble, au milieu d'un public enthousiaste qui reconnaît et loue leur endurance. Un public bon enfant qui salue les petits jeunes comme les vétérans. Tous méritent leurs ovations.

Et l'on comprend l'immense popularité de la petite reine dans le Nord.

C'est aussi un homme du Nord, de Hellemmes près de Lille, le cycliste Jérôme Lambert, amputé d'une jambe après un accident de moto, qui fut champion de France 2011 et 2012 handisport. Sa devise « Donnons le meilleur de nous-mêmes pour n'avoir aucun regret » est magnifique. Elle pourrait être la devise de ces gens du Nord qui ont à cœur de se dépasser.

QUE D'AUTRES FÊTES !

On ne peut que les citer, et j'en oublierai, tant elles sont nombreuses et tant il y aurait à dire… Mais je vous en laisse le soin.

Aux carnavals s'ajoutent les ducasses, des fêtes de dédicace des églises de paroisses, les fêtes du houblon, des moissons comme à Boeschèpe, où les animations se succèdent tout au long de multiples célébrations : messe des moissons, battage du blé à l'ancienne, labours avec chevaux de trait, repas, présentation des métiers d'autrefois et produits de la terre, la fête des moulins en Flandre, celle de la Saint-Hubert au mont des Cats, celle des ânes à Douai, le festival de l'andouille à Aire, des Inattendus à Maubeuge, fête de la dinde à Licques, de la groseille à Loison-sur-Créquoise, du maroilles, de la bière, du hareng, fête des Islandais à Gravelines, bénédiction de la mer à Dunkerque, fête des Flobarts à Wissant, des processions à Boulogne… Comme jadis, le profane et le sacré se mêlent avec bonheur.

S'y ajoutent encore des fêtes du lancer (les nieulles à Armentières, les noix à Hazebrouck, les harengs à Dunkerque, lors du carnaval), que l'on retrouve de l'autre côté de la frontière, avec la fête des Chats à Ypres.

Un autre lancer est le tir à l'arc… vertical. Les guildes d'archers datent du Moyen Âge, et, au XVIe siècle, les villes du Nord se dotent d'espaces pour ériger ces perches verticales. Il se pratique toujours en Flandre, comme aussi les jeux de boules en Artois, de crosse dans l'Avesnois, de quilles dans le Cambrésis. La fête de l'Âne de Buridan fait référence à une légende touchant Jean Buridan, né en 1298 à Béthune, philosophe et recteur de l'université de Paris… Encore un grand homme du Nord !

Des centres historiques existent et des reconstitutions se déroulent à Azincourt, à Bavay-la-Romaine, les festivités du Camp du Drap d'or à Guînes, des sons et lumières (Fressin, Boulogne, Montreuil), des fêtes de la guilde des arbalétriers, les vaillants chevaliers de la Franche Foire à Tourcoing. Et nous voici replongés en plein Moyen Âge !

Avec les Curcubitades de Marchiennes, les sorcières sont de retour !

La colombophilie s'est extrêmement développée dans la région. Le lâcher de pigeons permet aux « coulonneux » de faire une fête, qui, comme au carnaval, fait fi de la hiérarchie. La fête des Allumoirs se tient à Roubaix, à Tourcoing, à Villeneuve-d'Ascq et dans les villages environnants, avec des processions d'enfants qui défilent dans les rues, munis de petits lampions (allumoirs). Cette tradition vient du textile. Chaque veille de Noël, à Boulogne, se déroule la fête des Guénels, où les « margats » (enfants) défilent avec une drôle de betterave creusée en forme de tête, et quêtent en chantant.

FÊTES DU XXIE SIÈCLE : DE LILLE 2004 À LILLE 3000 !

Accompagnée de ses légendaires géants, Lille n'a jamais rechigné à faire la fête !

Lille, capitale culturelle européenne en 2004, a marqué les esprits nordiques. Elle a aussi étonné le reste de la France et de l'étranger.

Du Grand Bal blanc à la fête de clôture en couleurs, il n'y eut pas moins de 2 500 manifestations, expositions, maisons Folie, « métamorphoses urbaines », montrant une région surprenante, en pleine effervescence. De la gare toute rose à la forêt suspendue, des girafes rouges au chemin des étoiles, oui, il fallait oser.

Et Lille 2004 n'a pas été sans lendemain. Martine Aubry et son équipe n'avaient pas dit leur dernier mot. Comprenant l'esprit du Nord, ses fêtes et ses traditions, la maire de Lille fit passer sa ville à la vitesse du IIIe millénaire, tout en donnant à de jeunes créateurs la possibilité de s'exprimer. Lille 3000 était lancé.

Avec les « Bombaysers de Lille » en 2006, l'Inde et les visions du futur se sont invitées à Lille. La voilà peuplée d'éléphants extraordinaires, drainant une foule immense comme au week-end de la grande braderie.

Avec « Lille Fantastic » en 2012, le visiteur fut confronté au surnaturel, au merveilleux, à l'étrange, à la distorsion du temps et de l'espace.

Les événements festifs se succèdent. Avec Lille 3000, le dynamisme est au pouvoir, et « le voyage continue » !

DES METS TYPIQUES ET ALLÉCHANTS

L'Histoire connut de fameux banquets, à l'instar de celui dit « du faisan », par exemple, donné à Lille par Philippe le Bon. Occasion d'une prouesse d'abondance et d'inventions scéniques, où joutes poétiques furent liées au festin de mets. Bruegel allia dans ses peintures ripailles et fantasmes. Michel de Ghelderode, dramaturge flamand de langue française, écrit, dans sa truculente *Balade du Grand Macabre*, que, dans son pays de Breugellande, l'habitant n'avait d'autre souci « que de soigner sa bedondaine », dans cet « Éden aux saveurs culinaires où les bons diables étaient toujours saouls en kermesse [...] les alouettes vous tombaient rôties dans la bouche et les poulets couraient déplumés, cuits, et saucés. Les tartes poussaient sur les toits. S'il y pleuvait, c'était pluie de truffes, de raisins secs ou de marrons glacés. »

Flamands et Ch'tis se rejoignent autour de mets typiques tels que le hareng, le lapin, le chicon, une cuisine au beurre ou au saindoux, des plats cuisinés à la bière, à la chicorée, au genièvre : hochepot, carbonade flamande, croquettes et tomates, crevettes – grises, s'il vous plaît ! –, waterzoi de poulet ou de poisson...

Car la région fut le point de départ de la Route du poisson. Dès le XIIIe siècle, la chasse-marée devait livrer le poisson de Boulogne-sur-Mer à Paris en moins de vingt-quatre heures. Une course contre la montre. Pas question d'être en retard – on se souvient qu'il causa le suicide du grand chef Vatel (1631-1671).

Et, bien entendu, les moules ! Spécialité du Boulonnais et du Calaisis, les moules-frites sont le symbole culinaire de la braderie. La pomme de terre, très utilisée en cuisine dans le Nord, et pas seulement pour les frites, fut étudiée au XVIe siècle par l'Arrageois Charles de l'Écluse, avant Parmentier.

Qu'est le fameux *potjevleesh* ? Une terrine de viandes marinées dans le genièvre, servie en gelée – avec... des frites, sinon c'est un sacrilège ! Sa préparation nécessite, entre autres, quatre viandes blanches différentes – poulet, porc, épaule de veau, lapin –, des baies de genièvre, des herbes, du lard...

Nous entendons parfois que le Nord-Pas-de-Calais n'est pas une région de fromages, qu'ils n'ont pas de goût... Grave erreur ! Il existe des fromages doux – et non moins délicieux –, comme celui du mont des Cats, mais après avoir goûté au maroilles, au vieux-lille ou maroilles gris, à la boulette d'Avesnes – un maroilles aux épices, enrobé de paprika –, on change forcément d'avis, car ils ne manquent ni de parfum ni de piquant ! La gloire du maroilles fut renforcée avec le film de Dany Boon. Ce fromage provient de l'Avesnois – de Maroilles, précisément –, et il est l'un des plus anciens du Nord. Dû à un moine de l'abbaye dont la gourmandise n'eut d'équivalent que l'inventivité, il devint vite célèbre parmi les rois de France. Et, oui, c'est très bon, trempé dans le café !

Le Nord aime le sucre. Les tartes à la cassonade (ou vergeoise, un sucre brun – de betterave bien entendu – utilisé pour la fabrication des spéculoos), les tartes à la rhubarbe, les crêpes flambées au genièvre qui ravigote, le pain perdu à la cassonade – un dîner parfait pour les enfants du Nord –, les gaufres de Dunkerque, ou celles fourrées au sucre, à la cassonade. Les meilleures, dit-on, seraient à Lille dans une certaine pâtisserie que je n'ai pas besoin de nommer et qui s'est exportée au Louvre-Lens et à Paris. Demandez à n'importe quel Nordiste, il vous en montrera le chemin...

Le Merveilleux, une pâtisserie digne du pays de Breugellande !

Les cramiques, ces pains briochés ou gâteaux-tartines déjà réputés au Moyen Âge, à l'instar de la coquille au XVIe siècle : les traditionnelles coquilles ventrues de Noël sont des petits pains à la croûte brune que l'on trempe dans le chocolat ou le café, appelées « petit Jésus » à Lille à cause de leur forme d'enfant emmailloté.

« J'vas faire en'prière à p'tit Jésus/pour qu'y t'apporte eun'coquille » (« P'tit Quinquin »).

On se souvient, enfant du Nord, des affiches de Delespaul-Havez, qui nous faisaient se pourlécher les babines. Qui n'a pas eu la bouche pleine de Carambar ?

La marque est créée en 1848 par Henri Victor Delespaul et son épouse Amélie Havez. Établi à Lille, le couple fabrique des dragées et des bonbons au chocolat. Sans héritier, il cède l'affaire à Messieurs Franchomme et Fauchille, qui s'installent à Marcq-en-Barœul. C'est là qu'ils créent le fameux Carambar, encore exporté dans le monde entier. Dévastée pendant la Grande Guerre, incendiée en 1922, reconstruite sur des plans modernes, l'usine est aujourd'hui la plus importante de notre région.

En 1860, Émile Cornillot crée une confiserie artisanale à Lille, spécialisée dans les bonbons fourrés. Ses produits seront bientôt commercialisés sous la marque Francorusse. Il acquiert, en 1925, La Pie qui Chante, qui produit, par exemple, les caramels Galéjades.

Delespaul-Havez fusionne avec La Pie qui Chante en 1972. Depuis 1998, l'usine de Marcq-en-Barœul appartient au groupe Cadbury.

Aujourd'hui encore, il se mange un Carambar toutes les trente secondes !

DES INSTITUTIONS UNIQUES : BARAQUES À FRITES ET ESTAMINETS

Entre tradition et résistance à l'uniformité de ce monde, les baraques à frites, garées sur les places ou les plages du Nord… et du Sud à présent, sont des lieux originaux où les frites deviennent plat principal, des lieux devant lesquels on ne peut passer sans saliver, avec le désir de s'arrêter dans ces effluves de graisses fumantes, et de satisfaire sa vision gourmande. Il y a du péché dans les frites ! Émotion pantagruélique ? Un vrai supplice de Tantale, à moins de le satisfaire, car un cornet de frites-mayo cuites au gras de bœuf et mangées avec les doigts tient tout simplement du Paradis !

En 2013, pour fêter les vingt-cinq ans de son entreprise Hedimag, spécialisée dans la fabrication de baraques à frites, Hervé Diers s'est lancé, avec toute sa ville d'Hazebrouck, monsieur le maire compris, dans la fabrication de frites. Dans une ambiance joyeuse, il a ravi aux Belges le record du monde du plus grand cornet de frites. Une journée mémorable, dont les bénéfices sont allés aux Restos du Cœur.

Des havres de paix : les estaminets sont au Nord ce que les pubs sont à l'Irlande. Hauts lieux de rencontre des siècles passés – Roubaix en comptait 2 500 en 1900 ! –, les estaminets sont revenus. Leurs noms mélangent allégrement le français et le flamand, et beaucoup arborent l'écusson du Lion des Flandres. Incontournables, pittoresques et chaleureux, ces cabarets de campagne sont un peu l'âme du nord de la France. Ils rassemblent sur leurs tables de bois les habitués, les touristes, comme, jadis, le colporteur, les familles pauvres en quête de chaleur, les paysans, les voyageurs, les fraudeurs, les « gaillards ». Lieu de rendez-vous, on y dénichait la main-d'œuvre pour les travaux des champs ou pour le textile. On s'y entassait en famille, pour raconter sa journée, boire un verre, manger la tartine, pratiquer les jeux de dominos, de toupie sur table. L'estaminet était le lieu de réunion des associations, telle celle des archers, des sociétés musicales. On y rédigeait les chansons de carnaval et de fêtes, vendues ensuite en feuilles volantes. Ce sont eux qui diffusèrent les idées du socialisme naissant. Aujourd'hui, on s'adonne toujours aux cartes, aux jeux traditionnels de quilles, de passe-boules ou du pendu. On goûte aux plats du terroir sous les tresses de ce houblon qui repousse les mauvais esprits et possède des vertus amoureuses, dans une salle au carrelage à l'ancienne, aux ustensiles rutilants et aux souvenirs affectifs.

CORNEMUSES, ACCORDÉONS ET ROIS MAGES

Vous pensez que la cornemuse est écossaise ? Elle est aussi flamande, mais, lors de l'annexion à la France, cet instrument fut quelque peu méprisé, car jugé trop populaire. Heureusement, ces magnifiques instruments traditionnels, à l'instar de la vielle, des flûtes à bec, du hautbois et de l'épinette (famille des cithares), ont repris du service grâce aux estaminets, à Radio Uylenspiegel, à des troubadours de notre époque, tel le barde flamand Ghislain Gouwy, également comédien et directeur de la compagnie Michel de Ghelderode ; citons encore, parmi bien d'autres, le fantaisiste violoncelliste et chanteur William Schotte, de Godewaersvelde, connu au-delà de nos frontières européennes, car, s'il fut remarqué au Printemps de Bourges, il est apprécié et vendu au Japon, en Corée, à Moscou et aussi aux États-Unis.

La région fut également une pépinière d'accordéonistes.

Loin d'être ringard, l'accordéon n'a cessé de se perfectionner et il est aujourd'hui totalement à la mode. Mais autrefois, l'instrument était considéré comme le « piano du pauvre ». Il remontait le moral dans les tranchées, il accompagnait les bals, les revues, le cinéma... et la traditionnelle tournée des Rois mages !

Ils étaient rois, certes, mais démunis. Affublés de perruques, de diadèmes, de fausses barbes et de lourds manteaux personnifiant Melchior, Balthazar et Gaspard, ils effectuaient cent à cent cinquante visites par jour pendant plus d'une semaine, s'arrêtant devant toutes les habitations, armés de leur étoile et accompagnés par des chants. Partout, on leur offrait du lard, du pain, du beurre, on les fêtait et l'on chantait en chœur la célèbre chanson des Rois. Ils voyageaient ainsi jusqu'au jour de l'Épiphanie.

L'un jouait de l'accordéon, l'autre portait la besace pour la miche de pain, le troisième faisait tourner une étoile à l'aide d'une manivelle de moulin à café. Ils jouaient également du rommelpot – visible sur des tableaux de Bruegel –, une espèce de tambour à friction, d'un usage très lointain en Flandre. Cet instrument était composé d'un pot de faïence surmonté d'une peau de vessie tendue, au milieu de laquelle on introduisait un tuyau de paille que l'on humidifiait. On y promenait le doigt : le son était ronflant. Les familles accueillaient avec joie ces mages venus apporter leurs offrandes à l'Enfant Jésus.

Aujourd'hui, c'est une association de jeunes gens, regroupés autour de César Storet, qui fait revivre cette jolie tradition... Émouvant, non ?

PRINCES DE LA MUSIQUE

Le temps des ducs de Bourgogne fut celui de grands maîtres de musique, dont la plupart étaient du Nord ; très célèbres en leur temps, ils ouvrirent la musique à de nouvelles harmonies. C'est le cas de Guillaume Dufay, qui chanta et étudia la musique à la cathédrale de Cambrai alors renommée, comme d'autres édifices religieux en France, pour la musique sacrée. Il fut le premier à composer un requiem, dont la partition est, hélas, perdue. Il a laissé quatre-vingt-trois ballades, des virelais, des rondeaux, des motets, des messes et des chansons polyphoniques.

Josquin des Prés fut désigné, lui, comme le « prince de la musique ». Il finit sa vie à Condé-sur-l'Escaut en 1521. Il est sans doute le compositeur européen le plus célèbre, communément considéré comme la figure majeure de l'école franco-flamande, et par les spécialistes comme le premier grand maître dans le domaine de la polyphonie vocale des débuts de la Renaissance.

De tout temps, la région a aimé chanter et danser.

Dans toutes les fêtes égrenant la vie de jadis, la musique fut omniprésente. Nos colporteurs, tels les violoneux, exportaient sur leur étal une multitude de chansons. Des revues comme celle d'Hazebrouck, en ligne directe des fameuses chambres de rhétorique, ont ce côté baladin, unique, enivrant, une franche camaraderie transmise aux spectateurs, qui en partent en chantant. Dans les années 1960, tous les jeunes Nordistes se réunissaient pour danser au son de la radio pirate Radio Caroline, émise d'un bateau entre le Nord et l'Angleterre. Aujourd'hui, le Café des Orgues, à Herzeele, fait danser la Flandre.

Pays des kiosques à musique, ceux-ci furent édifiés au XIXe siècle pour la plupart et installés dans les parcs ou sur les grands-places. Ils accueillaient des orchestres, des fanfares, des chœurs. Beaucoup perdurent et font de nouveau la joie de chorales pour les fêtes d'aujourd'hui. Certains kiosques, dans l'Avesnois, sont de petites plates-formes surélevées auxquelles on accède par une échelle.

Line Renaud et ses immortelles « Ma cabane au Canada » et « Étoile des neiges » ; Pierre Bachelet ; Marcel et son orchestre, qui ont animé tant de soirées nordistes ; Raoul de Godewaersvelde et ses Capenoules, dont on se souvient avec émotion et que le succès du film éponyme de « Quand la mer monte » – chanson écrite en 1969 par un autre chanteur nordiste, Jean-Claude Darnal – propulsa au premier rang... Tous sont du Nord, et j'en omets beaucoup d'autres, tout aussi talentueux, d'hier et d'aujourd'hui.

Bruno Coquatrix, qui fut longtemps directeur de l'Olympia, y précéda un autre Nordiste, Arnaud Delebarre, fils de Raoul de Godewaersvelde.

Georges Delerue était de Roubaix, Henri Dutilleux de Douai, Édouard Lalo de Lille, Albert Roussel de Tourcoing. Tous furent de grands compositeurs.

Charles-Edmond de Coussemaker, né à Bailleul, fut un vrai musicologue du XIXe siècle. Il collecta les musiques et chants flamands de France.

Le Nord-Pas-de-Calais peut être fier aussi de chefs d'orchestre à l'instar du très grand Georges Prêtre, né en 1924 à Waziers dans le Nord.

Jean-Claude Casadesus n'est pas originaire du Nord, mais il est un vrai Ch'ti d'adoption et de cœur. Chef d'orchestre de renommée internationale, honoré par Les Victoires de la musique classique, il a consacré au Nord l'essentiel de son talent et de ses activités en qualité de directeur de l'Orchestre national de Lille.

Une tradition toujours vivace et joyeuse est le « vivat flamand ». Il s'agit de verser de la bière, du genièvre ou du champagne sur un drap tendu et tenu par quatre personnes au-dessus de la tête des personnes que l'on veut honorer, lors d'anniversaires ou de mariages.

ORPHÉONVILLE ET L'HYMNE DU NORD

Derrière les façades restaurées de Lille, ce côté flamboyant et fantasque issu du Moyen Âge, se cache une ville mélomane.

Se souvient-on de l'extravagant « Brûle-Maison » ? Sur ses tréteaux, en costume de parade et chapeau à plume, il exerçait sa verve, débitait des satires. « Un sou la feuille ! » Son nom : François Cottignies, né à Lille en 1678. Il chantait les querelles familiales ou de voisinage, il osait ridiculiser les Tourquennois – ou « Broutteux », en référence au transport de laine par brouettes –, concurrents des artisans et ouvriers lillois, dans des « pasquilles » en vers, en patois, plaisants, humoristiques. Inutile de dire qu'à Tourcoing, on ne l'appréciait guère !

Gustave Nadaud, né à Roubaix, était un chansonnier, créateur d'opérettes et éditeur des œuvres du poète révolutionnaire Eugène Pottier, tombé dans la misère.

L'hymne du Nord, « P'tit Quinquin », fut écrit en 1853 par Alexandre Desrousseaux, alors âgé de trente-trois ans, employé au mont-de-piété, et qui jouait du violon et de la clarinette pour les soldats et dans les bals.

Sa mère vivait dans une courée de Saint-Sauveur, à Lille. En lui rendant visite, il entend une dentellière qui n'arrive pas à endormir son petit ; il compose rapidement une poignante berceuse de sept couplets, en savoureux patois ch'ti. En un mois, tout Lille la fredonne. Et sans CD ni médias, elle se répand en France comme une traînée de poudre. On l'appelle aussi « L'Canchon dormoire » et on peut l'entendre dès que l'on arrive au centre de Lille, au carillon du beffroi. Cette berceuse illustre la vie des ouvrières du Nord de l'époque. En 1870, les soldats nordistes partant en guerre la choisirent comme chanson de marche et hymne.

Et en ce IIIe millénaire, nous l'entonnons en chœur lors de retrouvailles chaleureuses à la Saint-Nicolas, comme un hymne à l'amour de notre terre natale. Sans doute parce qu'elle est « l'âme des gens du Nord ».

De l'extravagant Brûle-Maison au tendre Desrousseaux, en passant par Béranger et Debuire, ces couplets colorés et touchants, tristes ou gaillards, restent gravés du sceau du plaisir, du besoin de défier l'adversité. Jadis, on chantait en travaillant dans les ateliers lillois, pour se donner du baume au cœur. Sociétés musicales et cercles lyriques témoignaient de cet appétit de Lille, bientôt capitale de l'opérette. Ils étaient si nombreux que la cité obtint le surnom de « la Mélomane » puis d'« Orphéonville ». Sait-on que Berlioz et Strauss lui donnèrent ses « lettres de noblesse » ? Que la musique chorale y prit son envol ? Aujourd'hui, sa vie culturelle est intense. Elle affectionne les soirées musicales, classiques ou enfiévrées. Elle est toujours « la Mélomane »...

LES GENS DU NORD

Et l'affaire se complique !

Entre les personnalités au rayonnement international : Charles de Gaulle, Marguerite Yourcenar, notre « Immortelle » ; les figures politiques et sociales : Pierre Mauroy, Roger Salengro ; les aventuriers : Louis Blériot, Jean Bart ; les artistes : Dany Boon, Raoul de Godewaersvelde, Line Renaud… Impossible de les citer tous…

Le Nord a toujours aimé ses femmes. Le Nord est féminin. Féministe ? Matriarcal ?

Mais la région a aussi des hommes remarquables et hauts en couleur !

En dehors des ducs, écrivains, acteurs, aventuriers, scientifiques, entrepreneurs déjà cités, bien d'autres mériteraient d'être dans ce recueil…

DES FEMMES LIBRES : LES BÉGUINES

Elles apparurent au début du XIIIe siècle. Au concile de Vienne de 1311, le pape élargit les pouvoirs donnés aux inquisiteurs. Les béguines furent considérées comme hérétiques, car elles vivaient sans règle approuvée, manquaient d'obéissance envers les hommes supérieurs – prêtres, pères, ou maris – et se permettaient de discuter de la Sainte-Trinité.

Marguerite Porete, une béguine du Hainaut, avait fini sur le bûcher en 1310. Mais cette Bulle papale fut annulée pour les béguines du diocèse de Cambrai et la majeure partie des anciens Pays-Bas, « l'Inquisition ayant purifié les communautés ». Si les béguinages étaient placés sous la protection du comte de Flandre, ailleurs sévissait toujours un climat de suspicion envers les béguines. Leur vie ne tenait qu'à un fil. Et même en Flandre, ces femmes étaient surveillées.

L'Église y voyait un péril. Leur simplicité volontaire était suspecte, leur mode de vie, leur liberté de parole concernant la foi et le divin prêtaient aux rumeurs… Affranchies de toute tutelle masculine, choisissant de ne pas se marier, elles étaient incontrôlables. Leur solidarité et leur façon de se gouverner méritaient le respect. Recrutées parmi les veuves et les jeunes filles non désireuses de se marier, elles devaient avoir dix-huit ans et traversaient d'abord une période d'essai, un noviciat, qui pouvait atteindre cinq ans. Elles vivaient en communauté, selon des règles précises, sans être religieuses ni cloîtrées. Les béguines sortaient seules, mais devaient être rentrées à une heure prescrite par la Grande Dame, ou Noble Dame, qui les dirigeait. Les visites étaient autorisées, sauf la nuit. Leur habit aux couleurs peu marquées ressemblait à celui des moniales.

Mais elles n'étaient pas au couvent, elles vivaient dans un béguinage.

Derrière un porche, dans un vaste enclos fleuri et planté d'arbres, comme un village paisible dans la cité, regroupées autour d'une chapelle, d'une ferme, parfois d'un hôpital, accolées les unes aux autres, des maisons identiques avec jardinet formaient des rues.

Une seule était collective, le « couvent », pour celles qui avaient de maigres ressources et les mettaient ainsi en commun. Une « table du Saint-Esprit » réunissait les béguines nécessiteuses ; la Grande Dame les visitait une fois l'an pour vérifier qu'elles ne vivaient ni dans une opulence déplacée, ni dans l'indigence. Les béguines fortunées disposaient à leur aise des revenus acquis par leur labeur.

Libres de leur temps, elles n'étaient pas obligées de suivre tous les offices. Elles se confessaient tous les quinze jours. Elles se répartissaient les tâches quotidiennes, en tenant compte des possibilités et goûts de chacune. Certaines étaient contemplatives, la plupart apportaient des soins aux malades, en ville. D'autres faisaient œuvre artistique ou pédagogique : chorale, dentelle au fuseau, lecture à voix haute pour de jeunes béguines, à qui elles apprenaient à lire. Elles s'intéressaient aux écrits de béguines du siècle passé, ceux tout au moins qui n'avaient pas été brûlés.

Respectables et respectées de la population, ces dames faisaient vœu d'obéissance et de chasteté, mais non de pauvreté, ni de clôture, et elles pouvaient dénouer ces vœux quand elles le désiraient. Mais tant qu'elles vivaient au sein de la communauté, elles en respectaient les règles.

Ces femmes vivaient en paix et dans une liberté rare, voire inexistante, aux siècles passés.

La dernière béguine est décédée à Courtrai en avril 2013. Aujourd'hui, il reste quelques béguinages, classés au patrimoine mondial de l'Unesco, du côté belge de la frontière, comme à Bruges ou à Courtrai, mais on peut noter ce tout petit béguinage d'Hazebrouck, créé au début du XXe siècle par son maire, l'abbé Lemire.

Un fait remarquable est à signaler : des projets de nouveaux béguinages voient le jour dans la région ! Ce sont des logements individuels ou collectifs, sécurisés, adaptés aux personnes seules et aux seniors, sans appartenance spirituelle, mais qui créent des liens sociaux, tout en respectant l'indépendance de chacun.

DES FEMMES DE POUVOIR

Jacques Duquesne écrivit : « Ces solides et fidèles femmes qui ne détestaient point la bagatelle et régentaient leur maisonnée, ces gracieuses qu'un Français (l'intendant Des Madrys, envoyé de Louis XIV) condescendait à juger "assez belles", ne s'en laissaient point conter et savaient même lever le coude à l'occasion pour accompagner leurs époux de noces en banquets. Elles n'attendirent pas le XXe siècle pour prendre leur place. » (extrait de la préface de *La kermesse du diable*, livre de l'auteur).

Nous pensons aussi à *La Kermesse héroïque* de Jacques Feyder !

Avec Jeanne de Flandre et sa sœur Marguerite, nous sommes au début du XIIIe siècle. Leur père Baudouin IX, comte de Flandre, est parti en croisade, a pris Constantinople et a disparu. Leur mère tente de le rejoindre, et meurt de la peste en route. Les deux jeunes princesses de Constantinople, comtesses de Flandre et du Hainaut, sont placées sous la protection de Philippe Auguste, roi de France ; Jeanne a quatorze ans, en 1214, au début de son règne. Elle gouvernera la Flandre et le Hainaut durant trente-deux ans, son mari étant prisonnier après la bataille de Bouvines. Marguerite lui succédera... Deux sœurs, deux comtesses qui ont marqué la région ; l'une raisonnée et négociatrice, l'autre plus exaltée, qui n'a pas voulu quitter son mari excommunié pour avoir prononcé des vœux de diaconat avant de se marier. Elle s'était mariée à onze ans, elle devra le quitter.

Généreuses toutes deux, elles n'avaient qu'un but : le bonheur de leurs sujets et le « développement économique » de leur pays, hôpitaux, béguinages, abbayes, accueils pour défavorisés ; elles ont favorisé les libertés, et ont soutenu les arts et la culture. On leur doit beaucoup.

Fin XIIIe siècle, Mahaut d'Artois – petite-nièce de Louis IX –, que l'on connaît grâce aux *Rois maudits*, acquiert le comté de son père et aura de nombreux démêlés avec son neveu Robert, qui réclamait ledit comté. Cette femme cultivée, mécène, constructrice, devint plus austère et aigrie en vieillissant...

Parmi ces femmes remarquables, on ne peut passer à côté de l'étonnante personnalité de Yolande, comtesse de Bar, dame de Cassel et de Dunkerque.

Son apanage était une enclave indépendante dans le comté de Flandre du XIVe siècle. Elle n'était pas assujettie à la domination directe du comte de Flandre. Cousine des rois de France, Yolande avait été élevée à la cour du roi Philippe VI de Valois. Son premier époux, dont elle avait eu deux fils, était le neveu du roi. Yolande était riche et belle, d'une grâce très actuelle, célébrée pour sa beauté par le poète Eustache Deschamps et très convoitée. Une aristocrate qui devait se faire craindre pour régner, qui n'hésitait pas à user de la violence, à se venger des ravages commis sur sa famille ou ses terres, ce qui lui valut des excommunications et des emprisonnements. Elle était avant tout une femme résistant au machisme ambiant de ce siècle – contrairement aux siècles précédents –, un siècle où le droit français venait d'exclure les femmes du pouvoir. Était-elle punie pour son comportement autoritaire ou tentait-on d'écarter une femme qui osait s'afficher l'égale de l'homme ? Les « puissants » auront raison d'elle. Les rumeurs s'acharnèrent sur sa personne. Elle fut perdante, parfois, mais ne s'avoua jamais vaincue.

Tenace malgré les attaques, indisciplinée certes, mais dotée de grandes qualités de cœur puisqu'elle exerçait la charité, la piété et la générosité, elle incarnait la féodalité et les déchirements de la Flandre, ses tiraillements politiques avec la France qui convoitait le comté, économiques avec le commerce anglais dont la région dépendait pour la laine, et religieux avec le Grand Schisme.

Yolande était une femme en colère que l'on tenta d'écarter, car elle osait se prétendre l'égale de l'homme et parce qu'on avait peur des femmes qui ont du pouvoir.

Une paix des Dames est négociée à Cambrai en 1529. Marguerite d'Autriche, elle, est la tante de Charles Quint. Elle loge à l'abbaye Saint-Aubert à Cambrai. Elle réunit Louise de Savoie, mère de François Ier, et Marguerite d'Angoulême, sœur du roi, à l'hôtel Saint-Pol pour conclure cette paix qui adoucit les conditions du traité de Madrid, consent la libération des enfants de François Ier emprisonnés à Madrid, et permet à Charles Quint d'agir contre les luthériens et les Turcs. Pas mal, Mesdames !

DES FEMMES DE RÉSISTANCE

Louise de Bettignies est née en 1880 près de Saint-Amand-les-Eaux. Son histoire est incroyable. C'est celle d'une préceptrice de familles princières qui devint un enjeu primordial entre les pays en guerre, travailla pour les services secrets britanniques et français et le paya de sa vie. Infirmière à Lille en 1914, elle partit porter trois cents messages destinés à des familles séparées, puis devint agent d'information à la demande des services de renseignement. Elle organise à Lille le « réseau Alice », prenant des risques énormes. Arrêtée en 1915, elle est atteinte d'une pneumonie dans la prison de Siegburg et décède à l'hôpital de Cologne en 1918. Un officier allemand dit d'elle qu'« elle valait un corps d'armée ». Elle est inhumée dans sa ville natale.

Une autre Jeanne, moins connue, plus légendaire aussi. Elle ne sauva pas la France, mais Lille et ses faubourgs. Vers 1580, un peu plus d'un siècle après Jeanne la Pucelle, une certaine Jeanne Maillotte, sous Philippe II, chassa les hurlus. Ces bandes de pillards, appelés donc « hurlus », mais aussi « vert-vêtus » à Arras, ou « gueux » en Flandre, étaient traquées pour leur religion réformée. S'appelait-elle vraiment Jeanne ? Fut-elle bien l'instigatrice de la résistance ? Quoi qu'il en soit, vérité ou mythe, elle est un symbole du salut de Lille.

Louise Weiss est née en 1893 à Arras. Toute sa vie, cette agrégée a milité pour la paix et pour les femmes. Elle se lance dans un mouvement féministe, l'association La Femme nouvelle, qui réclame le droit de vote pour les Françaises. Elle joint le geste à la parole, organise le barrage de rues, interrompt le grand prix hippique de Longchamp, lance des ballons rouges à la finale d'une coupe de football, prône l'instauration d'un service national féminin.

Enfin élue au Parlement européen en 1979, elle en sera la doyenne jusqu'à sa mort en 1983. Une grande féministe, une formidable Européenne.

UN CORSAIRE DUNKERQUOIS SAUVE LA FRANCE DE LA FAMINE : JEAN BART (1650-1702)

Ce colosse de près de 2 m navigua dès l'âge de douze ans. Son arrière-grand-père, Michel Jacobsen, surnommé « le Renard de la mer », était amiral et chevalier de l'ordre de Saint-Jacques.

Très vite, Jean Bart vogua sur les mers pour le roi de France, Louis XIV. Ce corsaire intrépide eut à son compte plus de cinquante prises entre 1674 et 1678, et il parvint aux plus hauts grades de la Marine royale française. En 1694, un exploit lui valut le titre de héros national, alors que la France était affamée par un blocus. Cent navires de grain norvégien achetés par Louis XIV avaient été capturés par les marins hollandais. Le valeureux Jean Bart s'empara des embarcations, réussit à récupérer toute la cargaison, fit chuter le prix du pain et sauva les Français de la famine. L'exploit fut salué par la France entière, et il fut anobli par le roi. La gloire ne le changea pas. Homme de bon sens, solide, il dut son élévation à sa seule valeur ; il préféra la mer aux vanités de Versailles, et à une retraite tranquille auprès de sa femme et de ses dix enfants. Cependant, en 1702, de retour chez lui, à Dunkerque, il mourut presque aussitôt d'un coup de froid !

Son décès, ce 27 avril 1702, fut considéré comme une perte irréparable pour la France.

Pas une fête à Dunkerque ne se termine sans la « Cantate à Jean Bart ». C'est l'hymne dunkerquois.

La vague de la ola, manifestation d'allégresse sportive, rappelle un autre cri de joie, qui surgit de très loin : « Fais Jean Bart ! » Et nous levions les bras, très haut, comme lors de l'hymne entonné par les carnavaleux dunkerquois rendant hommage au grand marin. Comme un signe de ralliement populaire des petits enfants de Flandre...

LE DESTIN DE L'ABBÉ ROUGE : L'ABBÉ LEMIRE

S'il en est un qui fut qualifié de « cardinal rouge » pour son soutien au syndicalisme chrétien, c'est bien Achille Liénart (1884-1973), évêque de Lille durant quarante ans, puis cardinal. Mais il en est un autre, moins connu et pourtant...

La Ligue française du coin de terre et du foyer, ça vous dit quelque chose ? Et le Centre national des jardins ouvriers ? De nos jours, ils refleurissent un peu partout, ces jardins ! Cette création est la partie connue de son œuvre, mais tout le reste, tout ce qu'il fit dans l'ombre, est aussi important et souvent ignoré.

« Mes idées effraient la droite, ma robe répugne à la gauche » (abbé Lemire, 1894). Encore un homme de contraste, un homme du Nord, un ami de l'Homme. Qu'a donc fait cet homme pour avoir des obsèques nationales en une époque où l'Église et l'État se déchiraient ?

Remontons le temps. Tandis que Desrousseaux entonnait, en 1853, le « P'tit Quinquin », cet homme qui disait : « L'enfant est un chef-d'œuvre » naissait à Vieux-Berquin. Qui était ce Flamand de France dont Marguerite Yourcenar affirmait qu'il était l'un de ses grands hommes ? Le reporter Albert Londres traversa les lignes ennemies pour le rencontrer dans sa ville bombardée : « Je veux voir un homme, un seul, et je serai comblé : l'abbé Jules Lemire. »

Sa maison était ouverte. Comme l'Abbé Pierre, il aida les plus démunis. Pour y réussir, il s'obligea à plonger dans l'arène politique, subissant calomnies et incompréhension. Il dérangeait. En d'autres siècles, il aurait été brûlé. Homme de foi, il prônait les libertés religieuses. Lié à sa terre, mais européen ; lié aux traditions, mais votant pour le progrès ; parlementaire de droite siégeant à gauche ; désintéressé, il désirait la propriété et le superflu pour l'homme, afin que celui-ci ait le temps de penser : « Il ne faut pas que les âmes soient en friche, ni les terres à l'abandon. » Il ensemença la France de ses « jardins ouvriers ».

Pionnier, apôtre de la tolérance, il honora le parlement durant trente-cinq ans, et força le respect de ses adversaires. Sait-on qu'il fut à l'origine du ministère du Travail, instigateur du repos hebdomadaire, des allocations familiales, de la retraite ouvrière, du droit à l'invalidité, de réglementations pour les enfants et les femmes ? Qu'il intervint contre la peine de mort réclamée pour son agresseur, un anarchiste qui avait jeté une bombe à l'Assemblée ? Poète de sa chère Flandre, il défendit le maintien du flamand. Mais sa maîtrise de la langue française est une leçon d'humilité pour tous les écrivains. Il commença à constituer sa bibliothèque – « mobilier de mon intelligence », disait-il – en recopiant les livres qu'il ne pouvait s'offrir. Cet homme aux traits puissants taillés avec ses convictions, traité de fou, de rêveur, qui aimait saint Augustin et lisait le *Faust* de Goethe, était un amoureux de nos plaines du Nord. Il aimait prier, il aimait parler : « Une conversation, c'est comme un poème : cela demande de l'inspiration. » À méditer ! Le teint pâle, très grand dans sa soutane usée, figure emblématique d'Hazebrouck, l'abbé Lemire fut le colporteur des humbles.

Ce téméraire osait aimer son Église et sa République d'un même allant, en une heure où rien ne semblait vouloir les réconcilier ; où il paraissait impossible d'établir des lois laïques et de garder sa foi. Debout sur un tonneau, il pouvait haranguer la foule et, une truelle à la main, poser la première brique d'un bâtiment.

Il fut un député-maire audacieux, un abbé démocrate à l'heure des querelles entre religion et laïcité ! Sa revue *Le Cri des Flandres* fut interdite, comme lui furent interdits les sacrements. Mais ses électeurs, fidèles, le réélurent jusqu'à sa mort – qui fut un véritable coup de massue, car il était de ceux que l'on espère immortels.

L'INSOUMIS « PETIT LILLOIS DE PARIS »

« Si je devais être moi-même, c'est certainement rue Princesse, où je suis né », confiait Charles de Gaulle.

Celui que l'on ne peut oublier, quelles que soient ses convictions politiques, c'est cet homme, Charles de Gaulle, né à Lille en 1890. Il se fera connaître à l'âge de cinquante ans, un certain 18 juin 1940, lors d'un appel à la résistance qui changea le cours de l'histoire de France.

Général, chef de la Résistance durant la Seconde Guerre mondiale, il deviendra le premier Président de la Ve République. Aujourd'hui, il demeure l'un des hommes les plus importants de l'Histoire, au regard de tous les Français. Né à Lille, rue Princesse. Il n'y vécut pas longtemps, mais dès l'âge de dix ans, il se surnomma lui-même « un petit Lillois de Paris ». Il choisit de faire son service à Arras, passa ses vacances à Lille chez sa grand-mère maternelle, et à Wimereux, où avaient lieu les « joyeuses retrouvailles » des familles de Gaulle et Maillot (du côté maternel). Et c'est à Calais qu'il épousa Yvonne Vendroux.

Très admiratif des mineurs, il évoqua un jour, à Douai, « une région unie qui s'est relevée grâce à la force et au courage de ses habitants ».

« Ces valeurs, cette atmosphère d'acharnement au travail, de pudeur et d'humilité, il les avait héritées de la région », nous dit Céline Cael (dans *Pays du Nord*). Et toute sa vie, il se sentit un « homme du Nord ». Il y fut d'ailleurs toujours accueilli avec chaleur, alors que la région était à gauche.

Penser au Nordiste Charles de Gaulle, c'est aussi ne pas oublier cet autre résistant : Maurice Schumann. Il n'était pas Nordiste de naissance, mais cette « voix de la résistance » venue de Londres, porte-parole de la France libre, Compagnon de la Libération, fut neuf fois élu député du Nord, puis sénateur du Nord, doyen du conseil régional du Nord-Pas-de-Calais, professeur à la faculté libre des lettres et sciences humaines de Lille. Il était l'ami du Nord, et un grand Monsieur plein de tendresse.

D'autres personnages politiques importants se sont distingués dans le Nord et au-delà, comme cet autre général et sénateur dont on peut voir la statue équestre à Lille : Louis Faidherbe (1818-1889) ; ou cet autre général encore, Charles Delestraint, né à Biache-saint-Vaast, qui fut à la tête de blindés durant la Seconde Guerre mondiale. Ce fut un résistant héroïque. Il fut exécuté au camp de Dachau, sur l'ordre de Himmler, en 1945.

VIDOCQ, UN DESTIN HORS DU COMMUN

Arras, capitale des poètes, de la draperie, est également la ville natale d'un très curieux chef de police impériale : François Vidocq, né en 1755. Fils de boulangers, il sera tour à tour repris de justice, aventurier, bagnard, chef de la sûreté de Napoléon puis de Charles X. Un bagnard reconverti... Je ne peux m'empêcher de penser à Jean Valjean, créé plus tard par Victor Hugo. Celui-ci est bien réel, sanguin et d'une force herculéenne, lui aussi, il rossa aussi bien les individus que les chiens ou les chats, et commença ses méfaits en volant... son père ! Cet aventurier hors du commun, engagé dans les Volontaires de l'an II, connut Valmy, mais il voyait plus loin, beaucoup plus loin. Ses aventures ne s'arrêtent pas là. Après avoir été contrebandier, corsaire, malfrat, indic de la police, il l'intégrera et le préfet le mettra à la tête de la brigade de sûreté générale, où le rôle des membres, souvent d'anciens condamnés, est d'infiltrer le « milieu ». On n'a rien inventé... Il se lancera aussi dans les affaires, inventera un papier « infalsifiable », et créera la toute première agence de détectives privés !

Amateur de fêtes et de plaisirs, il était le héros tout trouvé pour *La Comédie humaine*. Lettré, il laissera aussi des *Mémoires* qui marqueront les plus grands écrivains. Ce séducteur à la langue fleurie s'évadera de son mariage quasiment forcé comme du bagne, et sera surnommé le « roi de l'évasion » ; son esprit influencera tous les romantiques, de Victor Hugo à Alexandre Dumas, en passant par Eugène Sue, et aussi Balzac, qui le rendra célèbre pour s'en être inspiré pour son personnage de Vautrin. Il deviendra, au XXe siècle, le héros de séries télévisées. Sa vie tumultueuse, ses déguisements, les sociétés secrètes, la pègre… Les héros des films et séries sont tous redevables en quelque sorte à ce Vidocq, escroc, acrobate, corsaire, policier et écrivain, qui, comme nos personnages de fiction, a réussi à canaliser son énergie bouillonnante et trop dispersée, à canaliser le mal vers une reconversion positive. Voilà bien en ce personnage pittoresque du Nord, un héros moderne, et les écrivains ne s'y sont pas trompés.

LA PLUS BELLE RAISON D'ÊTRE FIER ?

Oui, la raison la plus importante sans doute d'être fier d'être Nordiste se tient dans le cœur des gens du Nord. Dans leur simplicité, leur convivialité, leur pudeur, leur humilité qui n'en font pas des fats, mais des fidèles, dans la fête qui est toujours comme la récompense du travail bien accompli, une fête à l'opposé de tout folklore artificiel.

Le Nord-Pas-de-Calais prend racine dans l'amour de la famille et des associations.

On l'a vu dans les grandes grèves de la classe ouvrière, de Delespaul-Havez aux dockers, des mineurs aux ouvriers textiles, les associations – des chambres de rhétorique aux associations ouvrières –, contrepoids depuis toujours au pouvoir, ont fait la fierté du peuple. Une solidarité qui date du Moyen Âge et qui ne s'est jamais éteinte, et c'est peut-être ça la grande force des gens du Nord.

Et l'on se retrouve partout avec chaleur, dans des associations d'aujourd'hui, telles que les Chti'Médias et leur dynamique président, Mo Hadji, ou l'association Ch'tribu, qui fédère les Ch'tis de France et du monde entier : « Il paraît même qu'on va danser sur le carnaval de Dunkerque à Santiago », confie Dominique Persyn, président de l'association. Ch'tribu et *La Voix du Nord* décernent le prix des « géants de l'année ». Le JNP (association des journalistes originaires du Nord-Pas-de-Calais, dont les présidents furent Jacques Duquesne, Jean-Marie Leblanc, aujourd'hui Alain Denvers) remet chaque année, lors de la très conviviale Saint-Nicolas, le trophée Lumière.

Ceux qui rejoignent ces associations y sont accueillis même s'ils ne sont pas nés dans le Nord, peu importe. Leur désir est pour les gens du Nord une reconnaissance, un geste d'adoption et, comme dans *Le Petit Prince*, on s'apprivoise très vite, on se tutoie aussi vite, on s'embrasse avec chaleur...

Ces associations ne sont pas uniquement des occasions de rencontres festives – même si elles sont bien réjouissantes ! –, mais sont toutes mobilisées dans le développement régional de la région, au point de vue culturel, compétitivité : comité Grand Lille, Lille capitale européenne, Louvre-Lens, beffrois au patrimoine mondial de l'Unesco. Et elles n'en ont pas fini !

Comme disait Pierre Mauroy, maire de Lille, premier ministre de 1981 à 1984, qui reste à l'origine de réformes, dont l'abolition de la peine de mort ou la décentralisation, et grâce à qui il a fait bon vivre dans le Nord : « Mise aux travaux forcés avec la mine, et la sidérurgie, elle s'en est sortie à force d'accueil et de convivialité. »

On se sent obstiné, fier comme ces ancêtres, fier pour eux...

Plus que le pays, c'est dans ces traditions que l'on trouve l'identité du Nord, plus que les traditions, c'est dans la tendresse que se soudent nos liens, et malgré tout ce que l'on pourra nous reprocher, nous dire, nous trouverons toujours de la fierté à être de cette région...

Comme nous l'avons vu avec les arts, avec les matériaux utilisés, avec le patrimoine industriel, le Nord possède cette originalité d'avoir fait cohabiter les siècles et les différentes formes artistiques, un parcours souvent inattendu dans la mémoire des hommes, empreint parfois de spiritualité avec l'art sacré. Lorsqu'on pousse la porte de ces lieux sereins, c'est celle du pays des merveilles qui s'ouvre à nous... et s'il respecte son patrimoine, il va aussi de l'avant. Il n'a pas peur, et « ne perd pas le Nord ! » Il fallait quand même le placer, non ?

Terre d'accueil, elle est la région de France la plus métissée avec le Midi, et la plus jeune de France, une région d'échanges.

Lorsqu'on en part – Brel a mis son corps au soleil –, on emporte dans nos bagages les beffrois, les ciels, les géants, les moules-frites...

Mais le désir de revenir au pays est grand, car il y fait bon vivre, et tant pis pour le soleil du Midi !

On est déraciné ? On « re-connaît » son pays. C'est beau, re-connaître ; c'est comme renaître à l'âme ou au cœur de ces gens du Nord. C'est cette âme que nous retrouvons au fil de nos promenades, le long des canaux, face aux pignons appelés joliment « à pas de moineaux », à l'ombre des moulins aux ailes décorées, et à l'intérieur douillet des estaminets restaurés. Car le Nord n'a pas cette beauté éclatante du Midi, mais, plus que beau, il est émouvant.

J'aime cette phrase du peintre nordiste Rémi Cooghe, qui peignit des scènes quotidiennes chargées d'émotion, mais aussi d'humour et de gaieté, contrairement à bien d'autres :

« Peindre la misère, c'est s'avouer vaincu. »

Ne décrit-il pas là toute la volonté des gens du Nord ?

Nos ancêtres étaient des hommes courageux, vivant dans une terre de traditions déjà ouverte sur l'Europe. Aujourd'hui, leurs descendants sont dynamiques et innovent. Le Nord peut être fier de son patrimoine, de ses traditions, de son entraide, un Nord qui bosse et va de l'avant, des gens indépendants, mais généreux et solidaires. Fidélité à notre passé de labeur, avec les terrils ; de liberté, avec les beffrois ; mais vision ouverte sur l'Europe. Une région qui a su entrer dans le IIIe millénaire avec panache, entre le tunnel sous la Manche, et les fêtes, plus que jamais actuelles. S'il reste du travail à accomplir, il y a bien un mot qui participe à l'identité de cette forte région, c'est le courage. Mais ce n'est pas un courage replié sur lui-même, la région est ouverte sur l'avenir. Sans jamais oublier le passé, le Nord-Pas-de-Calais innove.

« Oser inventer plutôt qu'attendre », nous dit très justement l'historien Christian Defebvre.

Oui, ça aussi, c'est le Nord.

J'ajouterai qu'à l'exemple de nos géants, tel le Phénix, et grâce au courage, à la ténacité, aux défis que se sont lancés ses habitants, la région a toujours su se relever. Tout compte fait, les meilleurs ambassadeurs de cette terre, ce sont eux, les gens du Nord. Cette région tient au cœur.

La plus belle raison d'être fier d'être Nordiste n'est-elle pas la foi dans notre région ?

« Fier d'être Nordiste » fut le credo de mon ami Ronny Coutteure. Il est le mien, il est le nôtre.

REMERCIEMENTS

Merci à toutes les « lumières » du Nord citées dans cet ouvrage :

Jacques, Jean-Marie, Jean, Line, Dany, Pascal, Charline, Georges, Vera, Jacques, Mo, Christian, Dominique, Arnaud, Martine, Pierre, Luc-Benoît, Bruno, Yvonne, Alain, Bertrand, Jean-François, Éric, Bernard, Jean-Denis et... les autres !

Merci à tous ceux que je n'ai pu nommer.

Merci Au Petit Mineur, à Philippe le Bon, au « Loos Ch'tricote », aux dentellières, aux Bourgeois de Calais, au « Daumier du Nord », au « Prince de l'enluminure », au « Roi de la casse », à Brûle-Maison et Cafougnette, au P'tit Quinquin, aux Masquelours, à Tisje Tasje, à Saint-Nicolas et à mon premier vélo.

Merci aux Éditions Ouest-France qui m'ont permis ce petit parcours amoureux,

Merci à « Pays du Nord », aux collections de *La Voix du Nord*, à tous ceux qui ont écrit des ouvrages d'histoire, de recettes, de tourisme, d'art mettant en « lumière » la région, ils sont nombreux et talentueux.

N'hésitez pas à arpenter les librairies de la région, les bibliothèques comme celle du Comité flamand de France, à consulter – entre autres ! – les ouvrages de Jacques Duquesne ainsi que ses romans, les ouvrages historiques de Jacques Messiant, Christian Defebvre, Éric Vanneufville, Bernard Schaeffer, Jean Callens, Bernard Coussée, Alain Lottin, Philippe Guignet, Alain Gérard, Georges Duby, Jean-Pascal Vanhove…

Merci à vous tous, gens du Nord-Pas-de-Calais,
Vous tous qui contribuez à la fierté de la région.
Vous êtes « des bons » comme disait ma grand-mère.

DU MÊME AUTEUR

Romans

La Kermesse du diable, Presses de la Cité, 1994 (préface de Jacques Duquesne), nouvelle édition semi-format, 2014
Le Cœur en Flandre, Presses de la Cité, 1996
L'Oubliée de Salperwick, Presses de la Cité, 1998, Pocket, 2001 (préface de Jeanne Bourin)
Les Filles du Houtland, Presses de la Cité, 2000, Pocket, 2002, nouvelle édition semi-format, 2012
Le Moulin de la dérobade, Presses de la Cité, 2001, Pocket, 2003
Les Silences du Maître Drapier, Presses de la Cité, 2002, Pocket, 2004, nouvelle édition semi-format, 2011
La Splendeur des Vaneyck, Presses de la Cité, 2004, Pocket, 2006, nouvelle édition semi-format, 2014
Les Amants de la Petite Reine, Presses de la Cité, 2005, Pocket, 2007
L'Étrangère de Saint-Pétersbourg, Presses de la Cité, 2007, édition semi-format, avril 2013
Un palais dans les dunes, Presses de la Cité, 2008, Pocket, 2010
Renelde, fille des Flandres (réédition de *La Kermesse du diable* et de *Le Cœur en Flandre,* en un volume), Presses de la Cité, 2009
Les Jardins du vent, Presses de la Cité, 2010, Pocket, juin 2013
Les Racines du temps, Calmann- Lévy, 2011, Le Livre de Poche, juin 2013
Les Perles de la Moïka, Presses de la Cité, 2013, Pocket, 2014

Contes et nouvelles *:*

Le Colporteur d'étoiles, Presses de la Cité

Livres Audio, éditions VDB :

Les Amants de la petite reine
L'Étrangère de Saint-Pétersbourg (lu par l'auteur)
Un palais dans les dunes (lu par l'auteur)
Les Racines du temps
Livres en **gros caractères** chez VDB, et chez Libra Diffusio

Beaux livres et ouvrages collectifs

La Flandre de France, éditions Snoeck, 2008
Balade dans le Nord, collection « Sur le pas des écrivains », éditions Alexandrines, 2005
Le Nord de la frite, Factory éditions, 2006
Frontière-Grens, éditions Ons Erfdeel, 2013

TABLE DES MATIÈRES

Préambule 11

Nordistes Ou Ch'tis ? 15

Une mosaïque de paysages 18
Sur la Côte d'Opale, le premier port de pêche français..... 18
Une curiosité : les Moëres 20
Le pays plaisant des canaux 21
Des marais dignes du Poitevin 22
Caps et cordillère ! 23
Boulonnais, Calaisis et Petite Suisse ! 25
« C'est un jardin extraordinaire ! » 26
Les maîtres du vent ou mille ans d'éoliennes 27

Une grande région agricole 29
Unique : La Victorieuse 29
Entre Anges et démons : les « spéciales » du Nord 30
Lavande et vigne... du Nord ! 33
Un arôme sans pareil 34
La perle du Nord : le chicon 35
Une eau-de-vie remarquable : le genièvre 36
Un Lillois sauve la France avec le sucre de... betterave ! .. 36

Des symboles de puissance et de liberté 38
Nos demi-dieux... 38
Superbe et généreux 44
Gouvernement des meilleurs et hymnes à la liberté 45

Villes et patrimoine 49
De beaux vestiges 49
L'autre reine des Flandres 50
Les charmeuses 51
Tel le Phénix ! 53
Les plus belles places et leur impressionnant labyrinthe 53
Les belles de Vauban 54
La reine des citadelles 56
Un patrimoine religieux de grand intérêt 59

Une terre d'art et de culture : une ébullition artistique ! 62
La plus belle piscine de France... devenue musée 62
Le Louvre du XXIe siècle... à Lens ! 64
Le premier musée de province 65
Ces bijoux de l'art flamand 66
Des musées uniques en leur genre 68
Du fleuron de l'architecture Art déco à l'avant-garde 69
Des musées incontournables 70
Quand la peinture était du Nord 71
Du peintre de la fête galante au fauve du Nord 72
La plage des peintres : Berck-sur-Mer 74
Nos créateurs de Lumière 75

Un bouillonnement créatif 77
La villa Médicis high-tech 77
La reconversion de l'autre 9-9 bis : le Métaphone® 78
Les maisons Folie 78

De sacrés héritages : les mines et le textile 79
De l'or noir au patrimoine de l'Unesco 79
Respect ! 81

De nouveaux monts verdoyants 82
Le plus grand musée de la mine 83
Des fils de la Vierge à... Hollywood ! 84
L'âge d'or de la draperie au XVe siècle 87
Des fresques sans pareil, et la capitale de la tapisserie 88
L'étoffe des seigneurs 89
Réhabilitation et relève ! 90

Une sacrée histoire ! 92
Le Nord était donc celtique ? 92
Voies millénaires et sites archéologiques 93
Vive les bourgeois de Calais ! 94
L'époque faste de la Toison d'or 95
Quand le Nord était un empire 97
Un héritage très convoité par le Roi-Soleil ! 98
Le vrai d'Artagnan était à Lille ! 99
Un petit miracle de Noël 100
L'esprit de résistance 101

Le Nord universel 102
L'épopée de nos « Islandais » 102
Avant Marco Polo ! 103
De Soliman le Magnifique à la tulipomania 104
De Boulogne à Ramsès II 105
« L'Internationale » est nordiste ! 106
Le plus bel hôtel du monde à « Bond Street by the sea » 106
Un front allié 112
Vive la Polonia ! 113

Premiers de la classe ! 115
Le premier poème de la littérature française ! 115
Première représentation théâtrale
et chambres de rhétorique 116
Enlumineurs, passeurs de mémoire
et première université de toute la chrétienté ! 117
Premier académicien et première académicienne 119
Premier en alphabet pour une région d'écrivains 120
La première librairie « moderne » 123
Le jardin de Joyeuseté, premier parc d'attractions 124

The best école de journalisme ! 125
Première victoire sur le détroit et premier scoop cinématographique 125
De la tour Eiffel au beffroi de Lille ! 126
Une prouesse technique, unique en Europe : L'ascenseur à péniches ! 127
Premières bouteilles d'huile et premiers petits pots de yaourt ! 127
Premiers jalons de la microbiologie moderne et prix Nobel 128
Une entrée dans le IIIe millénaire avec panache : le tunnel sous la Manche 130
Le royaume de la reconversion et de l'innovation 131
Bienvenue au cinéma 133

Le Nord des saveurs et des traditions 136
Le peuple fascinant des contes 136
De nos saints guérisseurs au vrai Père Noël 139
D'Halewyn aux superhéros 142
Le carnaval de Dunkerque ou la « fête à l'envers » ! 144
Unique : la grande braderie 148
Les Charitables 149
La capitale du cerf-volant 150
Des sports mythiques 151
Que d'autres fêtes ! 154
Fêtes du XXIe siècle : de Lille 2004 à Lille 3000 ! 156
Des mets typiques et alléchants 156
Des institutions uniques : baraques à frites et estaminets 159
Cornemuses, accordéons et Rois mages 160
Princes de la musique 162
Orphéonville et l'hymne du Nord 164

Les gens du Nord 166
Des femmes libres : les béguines 166
Des femmes de pouvoir 168
Des femmes de résistance 171
Un corsaire dunkerquois sauve la France de la famine : Jean Bart (1650-1702) 172
Le destin de l'abbé rouge : l'abbé Lemire 173

L'insoumis « petit Lillois de Paris » 175
Vidocq, un destin hors du commun 176

La plus belle raison d'être fier ? 178

Remerciements 183

Du même auteur 185

Cet ouvrage a été transcodé et mis en pages
chez Nord Compo (Villeneuve d'Ascq)

Achevé d'imprimer sur rotative numérique Prosper
par Soregraph à Nanterre (Hauts-de-Seine)

Dépôt légal : avril 2014
N° d'éditeur : 7305-01-03-04-14
ISBN : 978-2-7373-6201-9
N° d'impression : 13719

Imprimé en France

L'imprimerie Soregraph est titulaire de la marque
Imprim'vert® depuis 2004